Luiz Tatit

Análise Semiótica
através das Letras

Ateliê Editorial

Direitos reservados e protegidos pela Lei 9.610 de 19.02.98.
É proibida a reprodução total ou parcial sem autorização, por escrito da editora.

Copyright © 2001 by Luiz Tatit

1ª edição – 2001
2ª edição – 2002

Dados Internacionais de Catalogação na Publicação (CIP)
(Câmara Brasileira do Livro, SP, Brasil)

Tatit, Luiz
   Análise semiótica através das letras / Luiz Tatit. -- São Paulo : Ateliê Editorial, 2001.

   Bibliografia.
   ISBN 85-7480-070-8

   1. Música popular - Brasil - Letras 2. Semiótica I. Título.

01-3792   CDD-781.63014

Índices para catálogo sistemático:
1. Letras de canções : Análise semiótica 781.63014

Editor: Plinio Martins Filho
Produtor Editorial: Ricardo Assis
Capa: Ricardo Assis

Direitos reservados à
ATELIÊ EDITORIAL
Rua Manuel Pereira Leite, 15
06709-280 – Granja Viana – Cotia – SP
Telefax (11) 4612-9666
www.atelie.com.br / e-mail: atelie_editorial@uol.com.br
2002

Foi feito depósito legal

Esse trabalho foi realizado com bolsa de Produtividade em Pesquisa concedida pelo CNPq.

Sumário

Introdução   11

SAUDOSA MALOCA   27
QUANDO O SAMBA ACABOU   45
CONCEIÇÃO   57
O CIO DA TERRA   83
ASA BRANCA   97
GOTA D'ÁGUA   109
PACIÊNCIA   119
AQUELE ABRAÇO   129
OCEANO   137
OVELHA NEGRA   143
TORRE DE BABEL   149
DOMINGO NO PARQUE   159
TRAVESSIA   173
ALEGRIA, ALEGRIA   183
ACONTECE   195

Bibliografia   201
Índice Remissivo   203

Introdução

A SEMIÓTICA apresentou-se sempre como disciplina fundada num arcabouço teórico de grande envergadura. Desde seus primeiros modelos, lançados por Algirdas Julien Greimas no final dos anos 1960 e início da década seguinte, já se previa uma investida de longo alcance, que foi se confirmando à proporção que ampliava o objeto de estudo. Dos enfoques lexicológicos e das abordagens meramente narrativas, o "projeto de ciência" concebido pelo grande semioticista tomou a forma geral de estratos gerativos do sentido, infletiu do núcleo da ação para o núcleo da paixão, adotou a tensividade como parâmetro para a análise do universo sensível e reuniu talvez os primeiros critérios consistentes para uma descrição estética.

Apesar de toda essa pujança no terreno científico e epistemológico, a semiótica continua distante da prática descritiva dos estudantes interessados em análise dos textos, sejam estes verbais ou não-verbais. Justamente em razão de sua complexidade teórica, os recursos aplicativos da disciplina são, em geral, substituídos por métodos menos rigorosos que atingem resultados imediatos, de cunho interpretativo ou parafrástico, descuidando-se totalmente da construção global de um modelo que subsista à descrição particular de cada texto. Faltam, no nosso entender, obras "intermediárias" que estabeleçam uma ponte entre análises específicas de textos e reflexão sobre os conceitos teóricos empregados e que possam, até mesmo, salientar as vantagens de se contar com um modelo geral sobre a construção do sentido quando da análise de qualquer processo semiótico.

Essa lacuna manifesta-se sobretudo em sala de aula, tanto na graduação como na pós-graduação, geralmente numa etapa de trabalho em que o professor, supondo que os alunos já dominem as técnicas básicas de análise próprias da disciplina, parte para indagações de maior abrangência. Nesse momento, surgem dificuldades triviais que, sistematicamente, absorvem a maior parte do curso em detrimento de seus objetivos principais. Na realidade, uma parcela considerável dos estudantes de Letras diploma-se sem saber elaborar uma análise de texto e, dentre as razões técnicas dessa falha, destaca-se a carência de bibliografia específica, principalmente na linha da semiótica.

Pouco podemos esperar das pesquisas de ponta quando a atividade aplicativa da disciplina está suspensa ou, pelo menos, consideravelmente reduzida no âmbito daqueles que, em princípio, seriam os principais herdeiros da técnica e, por conseguinte, os responsáveis por sua evolução e transmissão futura.

A literatura consagrada a essa faixa intermediária da disciplina, se já é escassa no país que implantou os seus métodos[1], pode

---

1. Algumas poucas publicações francesas demonstram a preocupação de seus autores em expor a teoria global da semiótica a partir de análises concretas. As indicações bibliográficas dessas obras, que ainda não ganharam versões em português, encontram-se no final deste volume.

INTRODUÇÃO

ser considerada quase nula no Brasil[2], uma vez que os trabalhos nacionais existentes estão dispersos nos raros periódicos especializados ou nos – ainda menos acessíveis – anais de congressos. Toda essa situação faz com que a semiótica – uma das poucas disciplinas da área de humanidades comprometidas com uma inflexão científica (com todas as restrições que se faça a esse termo) – mal participe da formação dos estudiosos devotados à análise dos textos em nosso país e – o que é mais grave – nem chegue ao conhecimento desses especialistas que, muitas vezes, estão às voltas com questões já devidamente equacionadas pela teoria contemporânea.

Portanto, nosso tema tem como objetivo principal contribuir para a redução da distância que separa a teoria da prática semiótica. A concepção de uma obra intermediária, que reforce a atividade descritiva e ao mesmo tempo desperte o interesse por reflexões de maior alcance sobre o *sentido*, pode ainda sugerir critérios mais consistentes para a elaboração de uma gramática do discurso, do mesmo modo que, nas últimas décadas, vimos surgir formulações fecundas que deram origem a gramáticas consagradas ao nível da frase. Mesmo levando em conta as especificidades dessas dimensões, frasal e discursiva, não podemos negar a legitimidade do anseio comum dos pes-

---

Cf. especialmente os trabalhos do Groupe d'Entrevernes (1979), Anne Hénault (1983) e Joseph Courtés (1989 e 1991), bem como o estudo mais recente de Denis Bertrand (2000).

2. Com algumas honrosas exceções dentre as quais distinguimos os trabalhos de Diana Luz Pessoa de Barros (*Teoria do Discurso*, São Paulo, Atual, 1988 e *Teoria Semiótica do Texto*, São Paulo, Ática, 1990) e de José Luiz Fiorin (*Elementos de Análise do Discurso*, São Paulo, Contexto/Edusp, 1989) que ajudaram a difundir no Brasil os métodos semióticos concebidos até os anos de suas publicações. Merecem destaque também as recentes publicações do Centro de Pesquisas Sociossemióticas, organizadas por Eric Landowski, Ana Cláudia de Oliveira, José Luiz Fiorin e Raúl Dorra (ver bibliografia).

quisadores de ambas as áreas no sentido de propor um corpo sólido de categorias gramaticais que dêem conta de seus respectivos objetos de estudo.

A escolha de letras de canções como ponto de partida deste empreendimento visa a minorar as dificuldades dos estudantes com o próprio *corpus* de pesquisa. As letras geralmente fazem parte da vida desses alunos, de tal forma que se pode praticamente eliminar a etapa de compreensão direta do texto, antes da descrição propriamente dita. Pretendemos nos ater ao plano do conteúdo desses textos, lugar em que a semiótica concentrou seus mais produtivos esforços de modelização ao longo desses anos, para não levantarmos, nesta oportunidade, questões de ordem poética ou artística que desvirtuariam a finalidade do trabalho.

Esperamos, assim, que os conceitos possam emergir da atividade descritiva como uma necessidade inerente ao trabalho reflexivo. Daí o emprego próprio, no título deste volume, da expressão "através das letras". Tudo ocorre como se as noções técnicas surgissem das entranhas do *corpus*, atravessassem seus estratos de sentido e se projetassem a um quadro teórico que vai se constituindo gradativamente.

Embora não possamos suprimir de vez as dificuldades do tema, cremos que, por esse viés, a metalinguagem descritiva tende a tornar-se mais clara e justificada, na medida em que surge de um contexto familiar de manifestação.

PROCEDIMENTOS DESCRITIVOS

O olhar semiótico é aquele que detecta, detrás das grandezas expressas no texto, valores de ordem actancial, modal, aspectual,

INTRODUÇÃO

espacial, temporal, numa palavra, valores de ordem tensiva, mantendo – ou esboçando – entre si interações sintáxicas. Essas grandezas constituem um microuniverso semântico, uma espécie de ponto de partida para as descrições, cujo objetivo último é a revelação de uma *forma* semiótica ("constância numa manifestação", no dizer de Louis Hjelmslev) imanente ao texto ou, se preferirmos, a exposição das operações conceituais que atuam implicitamente no instante de sua compreensão.

Em outras palavras, a significação que nos parece emanar da superfície do texto pressupõe na realidade a compreensão de um sistema complexo de funções sintáxicas que sustenta esses efeitos de sentido terminais. Ao ouvirmos, por exemplo:

A gente quer ter voz ativa
No nosso destino mandar
Mas eis que chega roda viva
E carrega o destino pra lá[3]

captamos, por trás da sonoridade e disposição dos versos e das palavras escolhidas, *elos* subjacentes que vinculam a expressão "A gente" (em lugar de "nós") ao termo "destino" e este à expressão "roda viva". Percebemos também que esses elos, quando se referem a "destino" trazem a marca da *determinação*: "A gente" quer *mandar* no "destino" enquanto "roda viva" *carrega* o "destino". Compreendemos ainda que ambas as determinações incidindo sobre o mesmo objeto ocasionam, entre os respectivos sujeitos, uma concorrência da qual apenas um ("roda viva") sai vitorioso. Já no primeiro verso ("A gente quer ter voz ativa"), o trata-

---

3. Trecho de *Roda Viva*, canção de Chico Buarque.

15

mento modal promovido pelo verbo "querer", responsável pela virtualização de uma ação que nem sempre chega a ser executada, denuncia a insuficiência do sujeito "A gente" diante da atuação – direta e sem modalização – do (anti-) sujeito "roda viva". Além disso, depreendemos um empenho do primeiro sujeito em manter sua *continuidade* (ou conjunção) em relação ao objeto ("destino") num contexto em que a *descontinuidade* intervém abruptamente e frustra a sua expectativa. Isso significa que *rapidez* é mais um conteúdo implícito, neste caso selecionado como valor indesejado, que contribui para a organização da dinâmica própria da letra citada. Enfim, essas e outras dependências internas estão atuando tacitamente no instante da apreensão do sentido manifestado por um texto.

Tem sido tarefa da teoria semiótica organizar essas categorias e essas operações abstratas, que estão na base de nossa produção e compreensão do sentido, e reformulá-las em estratos que vão assinalando o grau de profundidade dos conceitos à medida que se afastam do nível de manifestação. De acordo com essa metodologia, como vimos acima, num primeiro momento identificamos categorias que regulam as interações dos elementos expressos na superfície do texto. Quase simultaneamente, observamos que essas categorias pressupõem outras categorias mais abstratas que, por sua vez, pressupõem outras e assim por diante, até alcançarmos um modelo relativamente simples que abarque o que há de essencial em toda a extensão do texto. Estaremos, então, num nível profundo.

As análises desenvolvidas adiante seguem esse sistema articulado de pressuposições para recompor as etapas abstratas que estruturam o sentido de cada letra de canção, etapas essas que a teoria semiótica dispõe em forma de *percurso gerativo* da signifi-

INTRODUÇÃO

cação[4]. Saber alojar cada categoria em seu respectivo nível, predefinido pelo modelo (discursivo, narrativo, etc.), é bem menos importante do que o exercício de busca das categorias e articulações pressupostas. Este nos parece ser o verdadeiro *fazer* semiótico na medida em que permite ao analista conjugar o emprego dos conceitos já consagrados pela teoria com uma constante revisão de sua coerência e rendimento numa descrição específica.

Momento Teórico da Semiótica

Adotamos aqui o modelo semiótico desenvolvido por Greimas e equipe nos anos setenta e oitenta, considerando especialmente seus desdobramentos no campo das indagações tensivas (anos noventa), onde teoricamente operam as instabilidades passionais e oscilam os valores *fóricos*[5] antes que se convertam em objetos, modalidades e ideologias. Isso significa que não dispensamos as notáveis aquisições conceituais do autor de *Semântica estrutural*[6] para os níveis *narrativo* e *discursivo* do percurso gerativo e nem a eficácia operacional do *quadrado semiótico*[7], talvez a mais celebrada noção dessa teoria, mas procedemos, já nesta oportunidade, a uma revisão do plano que a semiótica vem chamando, genericamente, de nível *fundamental* ou *profundo*. Estamos de acordo com os autores que consideram que, neste

---

4. Cf. A. J. Greimas & J. Courtés, *Dicionário de Semiótica*, São Paulo, Cultrix, s.d., pp. 206-209.
5. A *foria* vem gradativamente ocupando o lugar teórico da noção de *timia* ("disposição afetiva fundamental"), embora nem sempre com muita felicidade. De todo modo, além da motivação morfológica inegável quando aparece subsumindo os termos *euforia* e *disforia*, foria contém o semema "conduzir" que apresenta melhor rendimento sintáxico que o termo timia.
6. A. J. Greimas, *Semântica Estrutural*, São Paulo, Cultrix, 1973. Original publicado na França em 1966.
7. Cf. A. J. Greimas & J. Courtés, *Dicionário de Semiótica*, pp. 364-368.

plano, os valores ainda estão se constituindo como matrizes das funções narrativas, das modalidades, da espacialidade e temporalidade, que serão devidamente consolidadas nos estratos de superfície do percurso gerativo. Admitimos também que o processo de enunciação abrange toda a extensão desse percurso, de modo que, já no nível profundo, iniciam-se as escolhas dos valores pelo enunciador, mesmo que estes se resumam às noções de continuidade e descontinuidade[8].

Na realidade, essa revisão já vem sendo elaborada regularmente desde o lançamento de *Sémiotique des passions: des états des choses aux états d'âme*, obra de 1991, da lavra do próprio A. J. Greimas em colaboração com J. Fontanille[9], na qual os autores inauguram a pesquisa sistemática do domínio do *ser* e postulam uma instância profunda contendo, como precondições do sentido humano, modulações tensivas (ligadas à percepção) e fóricas (ligadas ao sentimento). Essas idéias já vinham sendo formuladas com grande desenvoltura por um dos membros da "Escola de Paris"[10], o semioticista Claude Zilberberg, que publicou em 1981 o instigante estudo *Essai sur les modalités tensives* e, mais tarde (1988), a obra *Raison et poétique du sens*[11], na qual o conceito de enunciador surge como um "lugar de interseção e arbi-

---

8. Dentre os trabalhos recentes dedicados a essa linha de pesquisa, conhecida como *semiótica tensiva*, destacamos o lançamento – em espanhol – de uma coletânea de ensaios de Claude Zilberberg (*Ensayos sobre Semiótica Tensiva*, Lima, Fondo de Desarrollo Editorial, 2000) e a versão brasileira de um tratado sobre o tema, escrito pelo mesmo autor em colaboração com Jacques Fontanille (*Tensão e Significação*, São Paulo, Discurso Editorial/Humanitas, 2001).
9. Este trabalho, lançado em Paris pela Seuil, já tem versão em português (cf. A. J. Greimas e J. Fontanille, *Semiótica das Paixões*, São Paulo, Ática, 1993).
10. Designação atribuída à equipe semiótica de Greimas por J-Cl. Coquet em seu livro *Sémiotique. L'École de Paris* (Paris, Hachette, 1982).
11. Cf. C. Zilberberg, *Essai sur les modalités tensives*, Amsterdam, J. Benjamins, 1981 e *Raison et poétique du sens*, Paris, PUF, 1988.

INTRODUÇÃO

tragem entre tempo e espaço" (cuja interface define justamente a noção de *tensividade*) e, portanto, como o sujeito das seleções de valores praticadas em todos os estratos gerativos, das estruturas profundas às de superfície, uma vez que, para este autor, as tensões e a foria representam a última instância de abstração do percurso gerativo[12].

Em termos mais práticos, podemos dizer que todos aqueles elementos funcionais extraídos por pressuposição do trecho de Chico Buarque acima comentado transitam por um espaço tensivo cuja modulação vem determinada pela expressão fórica de uma instância enunciativa. Ou seja, os valores identificados com a rapidez e a ruptura constituem as escolhas dominantes praticadas em nível profundo que reaparecerão como *não poder fazer* ou estado de disjunção no nível narrativo ou como manifestação de "fraqueza" do ator *eu* no nível discursivo. Se propusermos, nesse caso, a articulação da categoria fórica, verificaremos simplesmente que houve prevalência dos valores *disfóricos* sobre os *eufóricos*. Assim, a foria é uma espécie de proto-sintaxe, decorrente da presença sensível do homem (categorizada como um enunciador universal), que determina, em termos sumários, que algo acontece (em *distensão*) ou deixa de acontecer (por *contenção*). Ambas as direções, afirmativa ou negativa, já revelam um comprometimento emocional do ser envolvido em todo o complexo gerativo. O importante é compreender que aquilo que ocasiona a contenção e a conseqüente ruptura do sujeito com seus valores já é, em si, um valor – nesse caso, um valor disfórico –, selecionado como traço predominante no nível tensivo, que engendra categorias modais, narrativas e discursivas e que ainda

---

12. Cf. *Raison...*, p. 104.

instaura no texto o sentimento de falta do valor complementar – nesse caso, o valor eufórico.

Em resumo, em consonância com algumas das principais vertentes atuais da semiótica, caracterizamos o nível profundo do percurso gerativo como um plano de interações tensivas ou, simplesmente, como o *nível tensivo*, sem contudo adotar plenamente as soluções técnicas já propostas que vêm se mostrando promissoras mas ao mesmo tempo precoces no que tange às exigências teóricas e sobretudo às necessidades aplicativas. Esperamos que o tratamento dado a esse nível nas análises que vêm a seguir pelo menos revele o interesse de sua instauração da cadeia das pressuposições conceituais desencadeadas em cada análise. Sua formalização, que talvez se defina nos próximos anos, deve por enquanto esperar por um amadurecimento teórico.

Abordagem das Letras

Das letras escolhidas, algumas permitiram intensa exploração do plano narrativo, como foi o caso de *Saudosa Maloca, Quando o Samba Acabou, Conceição, O Cio da Terra, Domingo no Parque* e *Travessia*; outras, como *Asa Branca, Torre de Babel, Alegria Alegria, Oceano* e novamente *O Cio da Terra* e *Domingo no Parque*, ofereceram farto material à descrição das isotopias figurativas e temáticas que se constituem no nível discursivo. Canções como *Ovelha Negra, Paciência* e também *Torre de Babel* e *Alegria Alegria* foram pródigas em apresentar modulações do nível tensivo; outras ainda tiveram o dom de atrair nossa atenção para aspectos particulares de cada plano: *Gota d'Água* é um caso privilegiado de configuração passional, assim como *Aquele Abraço* esmera-se em promover jogos de sentido com os dispositivos de

INTRODUÇÃO

debreagem e *Acontece* conduz ao paroxismo o papel das modalidades na habilitação do sujeito para a ação. *Conceição*, especialmente, trouxe-nos todos os elementos necessários para a exposição das relações inerentes tanto ao processo narrativo como à dinâmica do quadrado semiótico.

Todas as letras, entretanto, dão margem à reconstituição das categorias implicadas nos níveis *discursivo, narrativo* e *tensivo*. Em algumas delas, o expressivo desempenho das modalidades acarretou o desdobramento do nível narrativo em plano *modal* (mais abstrato) e plano *actancial*[13] propriamente dito, como se o primeiro servisse de ponte para a transferência dos valores tensivos ao universo das operações actanciais. Em outras, a passagem direta dos valores do nível tensivo às figuras do nível discursivo, sem participação efetiva das categorias narrativas, constituiu a tônica do procedimento analítico. Essas e diversas outras variações resultaram da necessidade constante de adequação do modelo geral aos casos específicos selecionados para a descrição. Mas, em princípio, pudemos manter as categorias nos níveis gerativos já consagrados pela semiótica, reservando as alterações mais significativas apenas para o nível profundo.

Assim, as relações isotópicas que alinhavam a presença dos atores em programas figurativos e temáticos, bem como as operações de debreagens, que fundam os enunciados e passam a simular, vez por outra, o reengate na enunciação, são itens avaliados no nível discursivo. As relações de ordem juntiva entre

---

13. Plano em que se processa a interação dos actantes considerados como funções narrativas. Em outras palavras, os actantes demarcam sempre uma posição sintáxica no quadro narrativo geral e, ao mesmo tempo, definem-se por uma configuração modal (por exemplo, uma categoria dotada de *querer fazer* e *não saber fazer* poderia definir modalmente o sujeito principal de uma determinada narrativa).

actantes, as transformações de estado, as paixões, as persuasões e os julgamentos, além das qualificações e interações modais que instruem funções actanciais, todas essas noções foram abordadas no nível narrativo. Por fim, os valores de limite e os valores de gradação, os processos de concentração e expansão, as oscilações fóricas, a duração, o andamento (*tempo* rápido ou lento) foram tratados como elementos do nível tensivo.

Nesse sentido, distinguimos, por exemplo, um *tempo-espaço* profundo, regido por valores tensivos como *contenção* e *distensão*, da temporalidade, espacialidade ou mesmo aspectualidade que se manifestam na superfície discursiva. O primeiro pode ser expresso por categorias muito gerais como *descontinuidade* e *continuidade*, que se traduzem respectivamente em *parada* (na ordem temporal) ou *fechamento* (na ordem espacial) de um lado e *parada da parada* (expressão sintáxica da continuidade) ou *abertura* de outro. Essa descontinuidade selecionada em nível tensivo pode vir a ser matriz tanto de demarcações aspectuais discursivas (pontos iniciais e finais de um processo, por exemplo) como de disjunções narrativas entre sujeito e objeto. Muito diferente disso são as temporalidades e espacialidades de discurso que se definem como localizadores enuncivos[14], acionados pelos mecanismos de debreagens, e que contribuem para ancorar o texto num cotidiano ou numa situação histórica específica, conforme revelam, por exemplo, os segmentos grifados de *Domingo no parque*:

O José como sempre *no fim da semana*
Guardou a barraca e sumiu

---

14. Relacionados ao enunciado.

INTRODUÇÃO

Foi fazer *no domingo* um passeio *no parque*
Lá perto da Boca do Rio[15].

REARRANJOS TEÓRICOS

Essas reformulações no nível profundo não poderiam deixar de influir no nosso modo de encarar as aquisições plenamente consolidadas no núcleo da teoria como, por exemplo, o quadrado semiótico e as categorias narrativas.

Adotamos o quadrado greimasiano com suas relações de contrariedade, contradição e complementaridade, mas salientando sua concepção dinâmica que deu origem à versão tensiva indicada pelas setas:

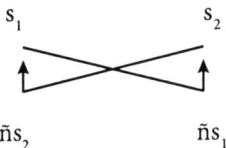

Nesse esquema, os *topoi* s_1 e s_2 serão sempre ocupados por *valores* que, como tais, possuem *direções* apontando, em última instância, ao termo contrário. Tais direções já são dotadas de descontinuidade (a negação: $ñs_1$ nega s_1), continuidade (a afirmação do termo complementar s_2) e, sobretudo, de uma *força* que faz de cada valor um "ir para", mesmo que num texto concreto o termo contrário não se manifeste. Com essa concepção, surge remotivado o conceito de termo *complexo*, ou seja, a categoria que subsume s_1 e s_2 e que sempre foi prevista pelo enfoque semiótico

---

15. Trecho de canção de Gilberto Gil que será analisada à frente. Grifos nossos.

baseado nas pesquisas do dinamarquês V. Brøndal. A complexidade contém dentro de si as tensões da descontinuidade e da continuidade, o que explica o fato de essa categoria compreender ao mesmo tempo um termo e seu contrário:

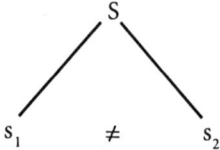

Por exemplo, se chamarmos o termo complexo S de *universo emocional*, e os termos simples s_1 de *prazer* e s_2 de *dor*, a complexidade determina que a noção de prazer só fará parte deste universo emocional se encontrar algum parâmetro de equilíbrio com a noção de dor, independentemente do grau de dominância de uma sobre outra. Em alguns casos, a categoria complexa permite uma verdadeira coalescência dos termos contrários[16], anulando de tal forma suas diferenças que em lugar das relações *exclusivas*, exaustivamente empregadas no estruturalismo, conformam-se as relações *participativas* já previstas por Hjelmslev nos anos trinta[17]. Veremos alguns exemplos à frente.

No que tange ao nível narrativo, suas categorias também encontram-se regidas pelas linhas de força selecionadas no nível tensivo. Desse modo, tanto os acordos (ou contratos) estabelecidos entre as funções de *destinador* e *destinatário* como as relações de conjunção que definem os actantes *sujeito* e *objeto* – não importando se a conjunção está sendo apresentada por um esta-

---

16. Cf. C. Zilberberg, *Ensayos sobre Semiótica Tensiva*, p. 95.
17. Cf. L. Hjelmslev, *La Categoría de los Casos*, Madrid, Gredos, 1978, pp. 142, 155 e 158. Versão em espanhol – traduzida do francês (reeditado em 1972) – de texto escrito em 1935.

do (conjunção de fato) ou por uma busca (conjunção à distância) – são manifestações da incidência de uma *continuidade* (freqüentemente associada a valores eufóricos), selecionada em nível profundo, sobre as interações subjetais (entre destinador e destinatário) e objetais (entre sujeito e objeto). Assim também, as polêmicas e os conflitos gerados entre sujeito e anti-sujeito e as disjunções impostas às funções de sujeito e objeto revelam a predominância das descontinuidades tensivas no âmbito narrativo.

Portador das categorias mais abstratas do sistema gerativo, o nível tensivo se faz presente em todos os demais estratos do percurso, quer pela confirmação das escolhas fundamentais nos planos de superfície, quer pela denegação dessas mesmas escolhas no decorrer das fases de conversão. Algumas das canções analisadas (*Torre de Babel*, *Travessia*, *Alegria alegria* e *Acontece*) dão margem à representação explícita desses processos.

Público-alvo

No mais, esperamos que o tratamento descritivo das letras escolhidas, por atrelar-se a contextos concretos, proporcione um convívio mais produtivo dos interessados com as noções semióticas, freqüentemente consideradas obscuras e distantes do universo aplicativo. Além da leitura linear das quinze propostas de análise, o pesquisador pode procurar compreender conceitos específicos a partir das indicações do "índice remissivo", cotejando suas diversas aparições nos respectivos quadros descritivos.

Resta dizer, por fim, que preencher as condições de uma obra intermediária (entre a teoria e a aplicação) não corresponde a propor um trabalho de iniciação ao tema. O desafio maior é o de demonstrar a eficácia do modelo descritivo em casos concretos.

Nesse sentido, dirigimo-nos aos leitores interessados em análise do texto e, particularmente, aos que já mantiveram algum contato com as noções semióticas mas ainda não se sentem à vontade na hora de aplicá-las em textos específicos. Em outras palavras, dirigimo-nos aos leitores que querem saber como a teoria funciona.

Este livro traz um pouco de como a semiótica vem funcionando até agora e um pouco de como poderá funcionar num futuro próximo.

Saudosa Maloca
Adoniran Barbosa

Se o senhor não tá lembrado
Dá licença de contar:
É que onde agora está
Este adifício arto
Era uma casa véia
Um palacete assobradado
Foi aqui, seu moço
Que eu, Mato Grosso e o Joca
Construímos nossa maloca
Mas um dia, nós nem pode se alembrar
Veio os homes com as ferramenta
O dono mandou derrubar
Peguemos todas as nossas coisa
E fumos pro meio da rua
Apreciá a demolição
Que tristeza que nóis sentia
Cada tauba que caía

Doía no coração
Mato Grosso quis gritar
Mas em cima eu falei:
— Os homes tá com a razão
Nóis arranja outro lugar
Só se conformemo quando o Joca falou
— Deus dá o frio conforme o cobertor
E hoje nóis pega paia
Nas gramas do jardim
E pra esquecer nóis cantemos assim:
Saudosa maloca
Maloca querida
Din-din-donde nóis passemos
Os dias feliz de nossa vida

Plano do Narrado

Saudosa Maloca é um bom começo para a compreensão global das interações narrativas e discursivas que sustentam a composição de uma letra. Os *actantes* (categorias resultantes das funções sintáticas que estruturam o texto) manifestam-se aqui, com certo grau de evidência, na própria distribuição geral dos *atores* (actantes já investidos de traços semânticos, muitas vezes identificados com a noção de personagem), de tal modo que servem de guia à atividade descritiva.

Esta letra apresenta, em linhas gerais, um episódio de conflito que, por envolver o próprio *narrador*[1], vem permeado de emo-

---

1. Primeiro actante debreado pelo enunciador, o *narrador* pode ser uma noção útil e esclarecedora em textos como este. Nem sempre, porém, sua função intermediária precisa ser destaca-

ções reveladas ao longo dos versos. Deixemos de lado, num primeiro momento, os recursos enunciativos, aqueles que vinculam os elementos da letra a seu produtor, para nos atermos apenas aos dados do *narrado*. Em outras palavras, separemos provisoriamente os *actantes da comunicação* ("Se o *senhor* não está lembrado / dá licença de [*eu*] contar") dos *actantes da narração* em proveito da avaliação funcional mais detalhada desses últimos.

No plano do narrado temos, pois, como primeira ocorrência do foco de ação, o trecho referente a "... eu, Mato Grosso e o Joca construímos nossa maloca". A função de sujeito, que pode ser resumida pelo pronome "nóis", contém na verdade três atores, dos quais "Mato Grosso" e "Joca" poderiam ser tratados como *adjuvantes*. Entretanto, essa categoria, originária do modelo proppiano[2], vem sendo considerada pela semiótica como uma complicação inútil, na medida em que corresponde sempre a um suplemento no interior da *competência modal* do sujeito. Convertida, portanto, na modalidade do *poder fazer* tal categoria adquire maior rendimento na configuração geral das funções narrativas. O sujeito "nóis", por sua vez, define-se por ter sua complementação sintática estabelecida pelo *objeto* "maloca" e conduzida pelo predicado "construir", uma das incontáveis formas de manifestação do conceito de *fazer*.

Esse pequeno trecho pressupõe ainda uma série de outros aspectos que pode (ou não) ser levantada, dependendo do alcance empreendido pela análise. A idéia de construção da maloca compreende uma fase de aquisição de competência para tanto. Dese-

---

da (o mesmo pode ser dito para a função de *observador*). Nesse caso, faremos alusão direta ao *enunciador*.
2. Referimo-nos aqui ao antropólogo russo Vladimir Propp, autor de um trabalho fundamental, *Morfologia do Conto*, que influenciou decisivamente os primeiros trabalhos da semiótica.

jo e/ou necessidade, por exemplo, são noções que certamente estão na origem dessa atuação. Se o sujeito construiu alguma coisa é porque quis ou, pelo menos, achou que devia fazê-lo. Além do *querer* e do *dever*, que já respondem por uma fase de virtualidade da ação, esse mesmo sujeito teve também de instruir sua competência com a habilidade necessária ao empreendimento (*saber* construir malocas), bem como com as condições internas (energia física) e externas (a conquista do espaço vital na fronteira das interdições sociais), consubstanciadas num *poder fazer*. Parte dessas condições, como já dissemos, estão asseguradas pela presença dos adjuvantes. A parte principal, porém, não encontrando respaldo suficiente no âmbito da competência do sujeito, tende inexoravelmente ao malogro que vem a seguir.

Ao considerarmos um desejo ou uma necessidade na origem da ação de construir, estamos instituindo simultaneamente uma outra instância responsável pelo desencadeamento desses impulsos. De natureza antropocultural, o modelo narrativo prevê que a atividade do indivíduo, mesmo quando vinculada a propósitos aparentemente pessoais, responde a injunções sociais pertencentes a uma ordem que muitas vezes transcende a esfera de ação e o campo de expectativas do sujeito. Trata-se de um plano *axiológico*[3], representativo de um sistema de valores comunitários, de onde emanam forças e influências de um *poder* preestabelecido, hierarquicamente superior, um lugar de decisão caracterizado como instância do *destinador*. Embora

---

3. Axiologia se opõe, em semiótica, a ideologia. Enquanto esta se apresenta como um arranjo sintagmático dos valores produzido numa narrativa específica, a axiologia possui um caráter coletivo mas já vem revestido de conotações fóricas (ou tímicas): de um lado, a classe dos valores considerados atraentes (eufóricos) e, de outro, a classe dos valores repulsivos (disfóricos) no seio de uma comunidade.

não revelada nas linhas do texto que circundam a frase em foco, essa instância abriga as razões implícitas que levaram o sujeito a construir a maloca (condição de vida, estímulo dos pares etc.). Dela provém ao menos boa parte do desejo e da necessidade que impulsionaram a ação.

Para completar essa preparação descritiva, temos que considerar ainda que o sujeito "nóis" trava um duplo contato com essa instância transcendente: primeiramente, como já dissemos, ele desempenha o papel de *destinatário* de um *destinador persuasivo* (ou *manipulador*) que o *faz crer* e, em seguida, o *faz fazer* (construir a maloca); depois, uma vez cumprida a "missão", novamente o sujeito passa a ser destinatário, desta vez de um *destinador julgador* que sanciona positivamente o seu percurso narrativo e entrega-lhe, como recompensa, o próprio objeto construído.

O fato de a letra omitir essas etapas de seus versos não significa que elas deixem de existir. Ao lado da noção de *fazer*, que define a frase "... construímos nossa maloca", vigora um estado inequívoco de conjunção entre sujeito e objeto. Os três atores construíram a maloca e imediatamente tomaram posse de sua construção. Não se pode negar que paira sobre o texto, até esse momento, um sentimento implícito de justiça que aceita, sem maior resistência, que os protagonistas sejam imediatamente premiados pelo esforço despendido: construíram, portanto são donos. No interior dessa axiologia, da qual originou a ação de construir, as leis da sociedade mais ampla (comprometida, portanto, com outro universo axiológico) não vêm ao caso. Bastou executar a tarefa para que o sujeito merecesse ser devidamente recompensado.

Acontece, porém, que o sujeito não se define apenas pelo objeto, seu termo complementar do ponto de vista sintáxico. A esfera de ação do sujeito está delimitada pelas ações de outros sujeitos e, em especial, pela ação do *anti-sujeito* que lhe impõe resistências, muitas vezes comprometendo o êxito do seu percurso narrativo. Temos, assim, de um lado, a atração que o objeto exerce sobre o sujeito, orientando sua atividade para um fim preciso e, de outro, a resistência antagonista que, ao impedir a conquista imediata do objeto, valoriza a ação propriamente dita e instaura o sentido de progresso gradativo como algo necessário à própria noção de narratividade. Basta observarmos que a ausência da função explícita de anti-sujeito, faz do verso "... construímos nossa maloca" uma solução que tende ao enunciado de estado: o sujeito ("nóis") em conjunção com o objeto "maloca".

Cabe aqui uma segunda fase de preparação descritiva. Enquanto a relação sujeito/objeto representa uma identidade actancial, uma espécie de fusão desprovida de conflito interno, a relação sujeito/anti-sujeito representa a descontinuidade actancial responsável pela separação e pelo distanciamento dos termos da primeira relação. Sem a presença do anti-sujeito, a interação entre sujeito e objeto tende à harmonia absoluta, ao uno, à neutralização das marcas de diferença – o que corresponde, do ponto de vista etimológico à supressão dos prefixos *sub* e *ob,* já que a raiz *jectum* é a mesma em latim – e, em última instância, ao esvaziamento narrativo. Tudo ocorre como se o sujeito precisasse do objeto para completar sua identidade. A força sintáxica que conduz o primeiro actante em direção ao segundo reproduz a atração narcísica do sujeito por si próprio, algo assim como o desejo de *ser* integralmente.

Nesses termos, a necessidade do anti-sujeito como função perturbadora dessa ordem salta aos olhos. Sem ele não há propriamente um percurso narrativo, dado que o sujeito pode manter o objeto ao seu alcance. Quanto mais se configura a presença do anti-sujeito, mais se acentua o efeito de descontinuidade entre aqueles actantes. Aumentam a distância e a tensão decorrente do sentimento de falta. O sujeito perde a harmonia desejada mas, em compensação, sua vida ganha o sentido, ou seja, a direção que aponta para o objeto. Toda reconquista é uma retomada do sentido e, conseqüentemente, da narrativa.

Em *Saudosa Maloca*, o sentido narrativo firma-se a partir dos versos: "Veio os homes com as ferramenta / O dono mandou derrubar". Toda a ação antagonista está delineada nas funções actanciais aí descritas. Há um contrato preestabelecido entre *antidestinador*, "o dono", aquele que *faz fazer* ("mandou derrubar"), e *antidestinatário*, "os homes", que recebe do primeiro actante um *dever fazer* e passa a agir como anti-sujeito (aquele que vai derrubar a maloca). De quebra, até o elemento adjuvante comparece mais uma vez na figura das "ferramenta", que reforça o *poder fazer* do anti-sujeito.

No que diz respeito ao plano objetal, o principal valor em jogo é o espaço físico que os actantes opositores disputam, embora não tenhamos a menção explícita, nem da figura do [terreno] em questão, nem da disputa propriamente dita. De qualquer forma, esse valor implícito desdobra-se em duas funções que se manifestam no texto: de um lado, o objeto "maloca", de outro, o antiobjeto, "adifício arto". O segundo impõe-se ao primeiro, tomando seu espaço físico.

Cumpre observar que as relações sujeito/objeto (ou anti-sujeito/antiobjeto) projetam no texto a combinação própria do eixo sintagmático, enquanto as relações sujeito/anti-sujeito (ou objeto/antiobjeto) sustentam a coocorrência do eixo paradigmático, ambos tão caros à tradição lingüística. O confronto dos dois *programas narrativos* (PNs) indica que apenas um será selecionado na qualidade de percurso vitorioso.

Universo Passional

O universo axiológico do antidestinador, caracterizado figurativamente como o proprietário ("o dono"), é bastante previsível por representar os valores típicos da classe dominante. Os privilégios da condição social surgem concentrados num *poder fazer* inequívoco, mesmo aos olhos das vítimas ("Os homes tá com a razão / nóis arranja outro lugar", diz um personagem, logo em seguida), de tal modo que não cabe contestação por parte do actante prejudicado. Resta-lhe apenas a passividade que caracteriza o estado de *paixão*, em que as possibilidades de transformação narrativa são desativadas em razão de conflitos modais que afetam o ser do sujeito: ele quer o objeto mas não pode obtê-lo; ou ele quer mas compreende que não tem esse direito (*não deve*). São esses os sintomas passionais que afligem o sujeito no fragmento: "E fumos pro meio da rua / Apreciá a demolição / Que tristeza que nóis sentia / Cada tauba que caía, doía no coração".

Em contraposição à construção do objeto vista acima, temos aqui a sua destruição, o PN do anti-sujeito. Sem condições de reação, o sujeito apenas sofre os efeitos do ataque antagonista, que se tornam mais dramáticos à medida que se estende a duração das cenas. Sob a acepção de "apreciá" subsiste uma idéia de julgamento que, como tal, leva em conta toda a amplitude do fato: o processo de demolição e toda a seqüência de atos, devidamente autorizados, provenientes de uma instância cujos valores são reconhecidos pela própria vítima; ao lado dessa leitura da seqüência histórica que determinou a destruição, há a duração da cena em si que, desenvolvendo-se gradativamente, produz um estado prolongado de mortificação do sujeito: "Cada tauba que caía, doía no coração".

Este verso é especialmente importante para mostrar que o universo passional do sujeito alimenta-se de duração. Precisamos de tempo para a configuração do nosso mundo sensível e um dos recursos mais comuns para a produção de durações nos textos é a gradação ("Cada tauba que caía..."), já que esta desacelera o andamento e recupera, assim, parte do *continuum* perdido nas descontinuidades intelectivas.

Note-se que "apreciá a demolição", no contexto apresentado, significa bem mais do que o conceito de derrubar uma construção. A tristeza do sujeito provém de um efeito sinestésico produzido por, pelo menos, três ordens sensoriais simultâneas: a *visão* da tábua que cai e que ressoa aos *ouvidos* e vem *tocar* diretamente o coração. Trata-se de um só efeito, contínuo, capaz de provocar reações inesperadas que não passam pelo filtro da razão. Até atingir esse ponto, porém, há que se dar tempo à evolução passional que nada mais é do que uma progressão tensiva cujo limite confunde-se com o desencadear da ação.

O esboço de reação do sujeito não ultrapassa o plano de simples desejo (*querer fazer*): "Mato Grosso quis gritar". Prossegue, portanto, o estado passional, agora intensificado pelo impulso do *querer*. O limite, como sempre, provém das modalidades estabilizantes, o *saber* e o *dever*[4], que estabelecem um corte, tanto no ímpeto do desejo (*querer*) como no vigor da potência (*poder*). Com efeito, ao dizer "Os homes tá com a razão / Nóis arranja outro lugar", o sujeito "eu" encarna um novo papel ac-

---

4. Cf. A. J. Greimas & J. Fontanille, *Semiótica das Paixões*, p. 42.

tancial, o de *destinador julgador*, com sua indefectível marca terminativa. Sincretizando, portanto, as funções de sujeito e de julgador, nosso narrador finaliza a "apreciação" – já iniciada anteriormente – de toda a narrativa do anti-sujeito, considerando-o merecedor do objeto conquistado. Trata-se de uma etapa de interpretação do ocorrido, em que o destinador manifesta o seu *saber* sobre a veracidade ou a simulação desenvolvidas ao longo de todo o processo.

Do mesmo modo, o *dever* como modalidade ética – representante do *bem* coletivo que impõe limites à busca do *bom* realizada no plano individual – faz-se presente no quadro dos valores sociais que estribam o julgamento em questão. Ao dar razão aos encarregados da demolição, o ator "eu" está admitindo a orientação de um sistema axiológico mais amplo do que aquele que lhe permitiu construir a maloca e, de certo modo, aceitando a destruição como uma punição arbitrada por um destinador transcendente (não confundir com o antidestinador, mandatário da desapropriação), espécie de guardião dos valores comunitários.

Entretanto, como já dissemos, o narrador dá voz ao destinador julgador mas não deixa de manifestar, simultaneamente, sua função de sujeito passional. Esse sincretismo evidencia-se ainda mais quando, ao lado da avaliação positiva do antagonista, o "eu" permanece inconformado na condição de sujeito. Só encontra conforto na voz de um de seus desdobramentos subjetais[5]: "Só se conformemo quando o Joca falou: / Deus dá o frio conforme o cobertor".

A alusão ao conhecido ditado não é inocente. Pelo contrário,

---

5. Subjetal diz respeito às qualidades de sujeito anteriores à formação do actante como tal.

é reveladora na medida em que convoca uma axiologia suficientemente ampla para, em alguns casos, *fazer fazer* (como na construção da maloca) e, em outros, *fazer não fazer* (não reagir contra a lei dos homens, uma espécie de "dai a César o que é de César..."). "Deus" é um grande destinador transcendente – sempre o maior de todos, nos sistemas de valores conhecidos – que independe de atributos modais ou de bens materiais para exercer sua influência, já que é um produto da fé de seus destinatários. Pode, assim, ser definido como o artífice mais pleno do chamado *contrato fiduciário*[6].

Embora não se atenha a esse aspecto, a letra deixa entender que o destinador já vinha atuando, de forma subjacente, desde o início da narrativa, orientando as decisões do sujeito e alimentando o seu universo afetivo com valores de ordem espiritual e moral. Aceitar ou não a menção à figura de "Deus" como caracterização semântica da função de destinador (persuasivo e julgador) é uma etapa irrelevante da descrição ora em curso. Entretanto, não podemos deixar de reconhecer que há uma instância transcendente que assegura os gestos de confiança e as convicções do sujeito e que acaba por determinar, no final da letra, suas novas condições de vida: "E hoje nóis pega paia / Nas grama do jardim".

O último trecho dessa canção é de grande interesse para a semiótica porque aponta para outros níveis, mais profundos, que respondem pelas tensões apreendidas no plano narrativo. Tomemos, primeiramente, o verso: "E pra esquecer nóis cantemos assim". No plano *discursivo*, aquele que a semiótica reserva aos in-

---

6. Contrato subjetivo, fundado na fé e na confiança, que dá suporte à relação entre destinador e destinatário.

vestimentos semânticos, às construções de figuras que parecem fazer parte de nosso universo antropocultural ou mesmo de figuras retóricas, a noção de "esquecer", no contexto em que surge, traduz um pensamento complexo: os atores cantam para esquecer e, ao mesmo tempo, recordar: esquecer o que houve de mau (a perda do objeto, seguida de expulsão) e recordar o que houve de bom (o período de conjunção com o objeto). Ou seja, em vez de contemplar o tradicional princípio de *exclusão*, segundo o qual "esquecer" corresponderia a si próprio em oposição à noção de recordar, nesse caso, "esquecer" corresponde por certo ao termo /esquecer/ mas abrange ainda o termo contrário /recordar/, manifestando, assim, sua filiação ao princípio de *participação* fundado pela lingüística de Hjelmslev:

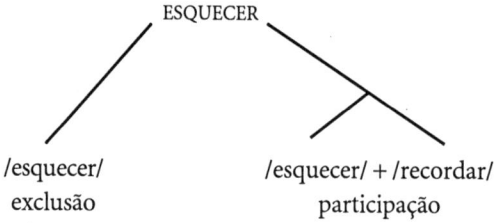

/esquecer/   /esquecer/ + /recordar/
exclusão   participação

O principio de participação está, como já vimos, na origem da função complexa que, de uso corrente na semiótica, abrange um termo e seu contrário. Pode-se dizer que, ao manifestar ESQUECER como elemento complexo, essa letra reproduz, em discurso, uma estrutura profunda que subjaz a toda e qualquer operação narrativa organizadora dos textos: a noção – também complexa – de JUNÇÃO, compreendendo simultaneamente a disjunção e a conjunção. Não é difícil perceber que /esquecer/, como termo simples, constitui uma das formas de manifestação do estado disjuntivo, assim como /recordar/ representa o estado conjuntivo, e que ambos, por fim, atrelados à função complexa ESQUECER, traduzem a tensão juntiva que faz oscilar de um termo a outro:

ESQUECER (/esquecer/ + /recordar/) : : JUNÇÃO (disjunção + conjunção).

Em outras palavras, "Pra esquecer" tem por finalidade a consolidação da ruptura espacial entre sujeito e objeto, que, de sua parte, tem por condição a continuidade do vínculo temporal – à distância – entre os mesmos actantes. Em razão da ausência física da maloca (e de tudo de bom que ela representava), o sujeito refaz sua relação com o objeto, estabelecendo a conjunção num plano nostálgico, no qual recupera subjetivamente aquilo que está fora do seu alcance material: "Saudosa maloca / Maloca querida / Din-din-donde nóis passemos / Os dias feliz de nossa vida".

O emprego dos atributos "saudosa" e "querida" é um fator de reforço ao elo contínuo que sempre impera na relação sujeito/ objeto. As tensões decorrentes do sentimento de falta justificam-se pela anterioridade lógica desse elo. A *intensidade* da noção de "esquecer" pressupõe a *extensidade* da noção de "recordar". O descontínuo próprio do universo inteligível pressupõe o contínuo do mundo sensível. Nesse sentido, *Saudosa Maloca* apresenta uma inflexão quase didática: visando ao esquecimento, instaura, de fundo, a recordação. Pode-se dizer, assim, que para esquecer em superfície, é necessário recordar em profundidade. Ou ainda, para que uma ruptura espacial se torne relevante, há que se manter intacto o vínculo temporal.

Recursos Enunciativos

A esses recursos próprios do plano do *narrado* somam-se outros, de natureza enunciativa, que dinamizam o episódio descrito com deslocamentos espaciais, defasagens temporais[7] e transferências actanciais. Tais mecanismos discursivos são conhecidos em semiótica como *debreagens* (operações que fundam o enunciado a partir de seu necessário desligamento da enunciação), pois que promovem um desengate geral das principais balizas que sustentam o presente enunciativo: *eu-aqui-agora*. Todo enunciado, uma vez emitido, afasta-se dessa condição pura de enunciação, desfazendo a relação direta *eu-tu* em nome de uma outra cena que possui seus próprios agentes e suas próprias circunstâncias de tempo e espaço.

Na passagem da letra que diz "Eu, Mato Grosso e o Joca / Construímos nossa maloca", esse "eu", ainda que denuncie a presença do narrador na organização do relato, não participa, como pessoa ou categoria de enunciação, de uma relação comunicativa. Trata-se, como vimos, de um actante narrativo. Desvinculado de qualquer estrutura de comunicação, esse "eu" pertence, paradoxalmente, à categoria do *ele*, tanto quanto "Mato Grosso", "Joca" ou a "maloca". Todos fazem parte do assunto tratado: *ele*, o assunto. A debreagem que instaura uma não-pessoa (o *ele*) é sempre *enunciva*, ou seja, própria do enunciado[8].

Sucede o mesmo com relação ao tempo. A história transcorre numa época anterior, negando, assim, o *agora* enunciativo.

---

7. Essas circunstâncias de espaço e tempo, abordadas a partir de agora, são resultantes de operações efetuadas na superfície do discurso e não devem, portanto, ser confundidas com as noções de espaço e tempo tensivos que vínhamos utilizando nos itens anteriores. Já apresentamos essa distinção no capítulo introdutório.
8. Cf. J. Courtés, *Analyse sémiotique du discours: de l'énoncé à l'énonciation*, p. 255.

Trechos como "Era uma casa véia"[9], "Construímos nossa maloca", "Mas um dia / ... / Veio os homes...", "Peguemos todas nossas coisas..." etc., retratam fases sucessivas dentro dessa anterioridade que se integram perfeitamente ao relato em terceira pessoa (que, como já vimos, não é pessoa). Ou seja, o *não-agora* harmoniza-se com o *não-eu*, já que ambos resultam de debreagens enuncivas, temporal e actancial respectivamente, organizando os fatos narrados e os actantes implicados num período afastado do instante enunciativo.

Nos primeiros versos, porém, ao dirigir-se diretamente a um interlocutor fictício (que ocupa a posição do *tu*), "Se o senhor não está lembrado / Dá licença de [*eu*] contar", o narrador (*eu*) simula estar deflagrando, *aqui* e *agora*, um processo de comunicação no interior do enunciado. Procede, portanto, a uma *debreagem enunciativa*, já que reconstrói a relação *eu-tu*, própria da enunciação, no campo de atuação do *ele*. Decorre disso um efeito direto de presentificação da cena, reforçado, nos versos seguintes, pela manifestação do *agora* ("É que onde agora está") e do *aqui* ("Foi aqui, seu moço"). Trata-se de uma ação conjunta de debreagens enunciativas, envolvendo pessoa, tempo e espaço, que, em contraste com as formas enuncivas descritas anteriormente, separa o plano da narração em si[10] do plano do narrado.

A importância desses recursos enunciativos é flagrante numa letra que tem na noção de *saudade* o seu elemento propulsor. A relação entre presente e passado assegura o intervalo necessário à manifestação desse sentimento. Em termos técnicos, a debrea-

---

9. Essa expressão instaura um marco no passado para a caracterização das demais seqüências como acontecimentos posteriores.
10. A narração supõe uma interação entre narrador e narratário, geralmente ausente do plano do narrado.

gem enunciativa inicial dá lugar à debreagem enunciva, que assegura a explanação dos acontecimentos pregressos, para retornar no trecho final da letra em sua forma temporal: "E *hoje* nóis pega paia". A saudade é tratada, neste caso, como um fenômeno próprio da ordem enunciativa.

Outros desengates enunciativos enriquecem ainda a conformação geral do sentido aqui construído. No interior da debreagem enunciva, podemos surpreender duas intervenções da debreagem enunciativa que, por situar-se nesse contexto, é chamada de debreagem de 2° grau. Primeiramente, na passagem "Mas em cima eu falei: / Os homes tá com a razão / Nóis arranja outro lugar", o *eu* com valor de *ele* recupera sua posição de primeira pessoa e manifesta-se como *interlocutor*[11] de um diálogo, que tem como *interlocutário* (*tu*) os atores "Joca" e "Mato Grosso". Logo em seguida, procede-se a mais uma debreagem de 2° grau, agora tendo como interlocutor o personagem Joca: "Só se conformemo quando o Joca falou: / Deus dá o frio conforme o cobertor". Com esses recursos, o discurso produz sensação de presente enunciativo no interior do tempo passado, típico do enunciado.

Mesmo não sendo tão determinantes na avaliação final do sentido particular desta letra, tais intervenções movimentam seus planos enunciativos, traduzindo, até certo ponto, a dinâmica da vida cotidiana, na qual estamos sempre em relação com fatos (ou coisas) ou com pessoas, ora desencadeando ação, ora comunicação, numa seqüência especular em que, muitas vezes, os fatos refletem contatos interpessoais e as comunicações reproduzem novos fatos.

---

11. O interlocutor é sempre um enunciador interno, produzido em contexto enuncivo.

Podemos imaginar, por fim, a repercussão desses recursos no universo da canção, em que se supõe necessariamente a voz de um intérprete contando (ou cantando) o conteúdo da letra *aqui e agora*.

Quando o Samba Acabou
Noel Rosa

Lá no morro da Mangueira
Bem em frente a ribanceira
Uma cruz a gente vê
Quem fincou foi a Rosinha
Que é cabrocha de alta linha
E nos olhos tem um não sei quê
Uma linda madrugada
Ao voltar da batucada
Pra dois malandros olhou a sorrir
Ela foi-se embora
E os dois ficaram
Dias depois se encontraram
Pra conversar e discutir

Lá no morro
Uma luz somente havia
Era a lua que tudo assistia

Mas quando acabava o samba
Se escondia

Na segunda batucada
Disputando a namorada
Foram os dois improvisar
E como em toda façanha
Sempre um perde o outro ganha
Um dos dois parou de versejar
E perdendo a doce amada
Foi fumar na encruzilhada
Ficando horas em meditação
Quando o sol raiou foi encontrado
Na ribanceira esticado
Com um punhal no coração

Lá no morro
Uma luz somente havia
Era o sol quando o samba acabou
De noite não houve lua
Ninguém cantou

Essa letra de Noel Rosa tem como núcleo da ação narrativa o desafio (diálogo popular cantado) praticado por "dois malandros" que medem suas forças pela capacidade de improvisar versos. Ao vencedor cabe o direito de conquista da mulher amada enquanto, ao perdedor, só resta a autopunição por não ter sido digno do mesmo amor. O centro da atenção não está, portanto, focalizado na *ação* mas, principalmente, na *sanção* (julgamento final da atividade do sujeito proferido pelo actante destinador-julgador a partir do quadro axiológico no qual se realizou a ação narrativa) e nos estados passionais dela decorrentes.

Valendo-se da debreagem enunciva – de pessoa, de tempo e de espaço – o narrador relata uma seqüência de acontecimentos que tem como agente mobilizador a personagem "Rosinha". Podemos depreender, desde já, um sincretismo atorial contido nesse nome: na medida em que provoca a disputa entre os malandros, Rosinha exerce a função de destinador-manipulador; na medida em que se define como o pomo da discórdia, Rosinha é objeto. No primeiro caso, com seu olhar e seu sorriso, o destinador *faz fazer*, ou seja, desencadeia a atuação dos sujeitos; no segundo, com seu poder de atração, o objeto fornece uma direcionalidade aos contendores que lutam para obtê-lo.

Cumpre observar, ainda, que a personagem Rosinha possui uma esfera de ação extensa: surge como elemento deflagrador do percurso narrativo ("Uma linha madrugada / Ao voltar da batucada / Pra dois malandros olhou a sorrir"), paira sobre todo o processo como razão absoluta das decisões e das atuações dos actantes ("Disputando a namorada", "Perdendo a doce amada") e ressurge na última etapa do plano do narrado para prestar sua homenagem ao malandro que fora eliminado da concorrência ("Uma cruz a gente vê / Quem fincou foi a Rosinha"). Trata-se, portanto, de uma personagem complexa, que abrange todas as etapas do texto, que desempenha diversos papéis actanciais e que não deixa transparecer, de imediato, suas *verdadeiras* intenções: "Que nos olhos tem um não sei quê".

As funções de sujeito possuem aqui uma configuração mais simples. Manifestados por uma relação polêmica, de caráter opositivo, os dois "malandros" desdobram-se em sujeito e anti-sujeito que põem à prova suas respectivas competências de versejadores. A participação direta da instância do destinador, transcendente ao duelo em si, está, nesse caso, relativamente neutralizada pelas seguintes razões:

1. Os adversários pertencem, ambos, ao mesmo universo axiológico, já que compartilham as mesmas crenças e os mesmos valores comunitários. Concordam, por exemplo, que um amor comum deve ser disputado em versos e que a perícia no improviso é um critério justo de seleção do beneficiado.
2. Essa paridade ideológica provém da voz imparcial do narrador que, em princípio, não distingue um malandro do outro e nem se pronuncia em favor de algum deles. Relata os fatos como se os antagonistas estivessem abandonados à própria sorte.
3. Ao incorporar a função de destinador-manipulador, Rosinha mobiliza os programas narrativos polêmicos sem, contudo, revelar qualquer preferência.

Interessante notar que a derrota de um dos malandros é expressa de um ponto de vista aspectual[1]: "Um dos dois *parou* de versejar". Em vez de ser destruído, no sentido pragmático do termo, pelo adversário, o derrotado perde por insuficiência, por não poder dar continuidade ao seu processo narrativo. Isso significa que, em contrapartida, o outro sujeito fez valer o seu *poder* (e seu *saber*), garantindo, assim, um constante progresso narrativo.

Embora o narrador reconheça a continuidade do segundo sujeito e a parada do primeiro, de tal sorte que elabora, de passa-

---

1. Mais precisamente pelo *aspecto terminativo* do processo temporal que, na configuração do plano discursivo, pode comportar ainda os traços incoativo (início de um processo) e durativo.

gem, uma sanção cognitiva (apenas o reconhecimento do vencedor e do derrotado, sem prêmios ou punições), seu olhar narrativo mostra-se atraído pelo destino do perdedor. Nesse instante, quebra-se a neutralidade da descrição dos fatos e, ao mesmo tempo, inocula-se uma certa complexidade no processo que até então caminhara de modo óbvio.

Fiel ao quadro axiológico em que aceitou realizar a disputa e, ao mesmo tempo, vendo fechar-se a única passagem que daria vazão a seu anseio amoroso, o sujeito vencido acumula também a função de destinador-julgador e aplica em si mesmo a pena capital. Em termos de uma aspectualidade profunda[2], podemos dizer que todos esses índices de *terminatividade* associados a esse actante revelam que, para ele, neste texto, foram reservados os valores de *limite*, ou seja, de supressão da continuidade. De fato, ao "parar" de versejar, o segundo sujeito estava anunciando sucessivas descontinuidades (perda da batalha do desafio, perda do objeto de desejo) que culminariam com a perda da própria vida.

Mas o nível discursivo também apresenta elementos que nos ajudam a compreender o que se passa em profundidade. A construção da figura do indivíduo arruinado e isolado, refletindo sobre a própria condição, nos versos "Foi fumar na encruzilhada / Passando horas em meditação", constitui um estímulo visual

---

2. Os teóricos da semiótica tensiva tendem a estabelecer uma aspectualidade anterior, do ponto de vista lógico, à etapa de modalização. Essa aspectualidade profunda conteria apenas valores demarcatórios, ou de "limite" ("saliências") e valores segmentais ou de "gradação" ("passâncias"), os primeiros gerando, em discurso, incoatividade e terminatividade e os outros gerando a duratividade (cf. C. Zilberberg em A. J. Greimas & J. Courtés, *Sémiotique: dictionnaire raisonné de la théorie du langage II*, Paris, Hachette, 1986, pp. 23-24). Assim também, essa aspectualidade engendraria a estruturação modal do discurso, inscrevendo seus traços demarcatórios nas modalidades de início (como o *querer*, por exemplo) ou de finalização (como o *saber* e, em alguns casos, o *dever*) e seus traços segmentais em modalidades cursivas (como o *poder*) (cf. A. J. Greimas & J. Fontanille, *Semiótica das Paixões*, pp. 41-42).

sugestivo para caracterizar um estado passional de completa frustração e de decepção consigo mesmo, mas não é essa sua principal função.

Em primeiro lugar, o que está em jogo é um ritmo tensivo: o destino do limite é a gradação e vice-versa. Diante de tantos impedimentos à sua expansão vital, o "malandro" cria uma duração e um espaço internos para desenvolver a análise de seus conteúdos psíquicos ("Ficando horas em meditação"). É dessa modalidade de gradação, oferecida por um tempo que se estende, que irrompe o limite definitivo responsável pela consumação do personagem. Em segundo lugar, há que se entender melhor a figura da "encruzilhada". Além de seu evidente valor isotópico em relação à "cruz" e ao "punhal" (tradicionalmente concebido em forma de cruz), esse termo designa, espacialmente, a desorientação de quem está em seu centro, sem qualquer condição de elaborar uma escolha. A encruzilhada exibe duas ou mais vias que significam *aberturas* para o sujeito. Entretanto, no contexto em pauta, estas convertem-se em dilema intransponível que só acentua, por contraste, o predomínio da oclusão.

Em resumo, de um ponto de vista temporal, o evento da morte constitui um caso de descontinuidade que interrompe a duração (tempo de meditação), enquanto, de um ponto de vista espacial, o centro da encruzilhada significa o distanciamento das saídas ou, simplesmente, o *fechamento*. Isso vem representado pela incapacidade do sujeito de tomar qualquer direção que leve adiante o seu curso de vida. De um ponto de vista modal, ainda, é o *dever* ético – uma vez que o sujeito derrotado assume os valores de sua comunidade – que se impõe ao *querer*, próprio da evolução afetiva.

De volta ao nível narrativo, reencontramos Rosinha desempenhando o seu terceiro papel actancial: destinador-julgador. Ao "fincar" a cruz em homenagem ao sujeito que não suportou os desígnios da sorte, a "cabrocha" está avaliando uma extensão narrativa bem mais ampla do que aquela circunscrita pela atividade do improviso. A prova de habilidade com os versos, para ela, é apenas um preâmbulo que está a serviço da prova principal: a demonstração de fidelidade amorosa. A "cruz" é o dom resultante da sanção positiva atribuída ao verdadeiro vencedor.

Temos aqui um momento oportuno para abrir um parêntese e expor as formas mais freqüentes de aparição do sincretismo. Ao verificarmos que o ator Rosinha acumula, no texto como um todo, as funções de destinador-manipulador, de objeto e de destinador-julgador, estamos diante de um caso de *sincretismo atorial*[3], ou seja, um ator comportando três actantes. Em contrapartida, podemos observar que, ao longo do texto, a função de destinador-julgador é desempenhada pelo próprio narrador (quando distingue friamente o vencedor do derrotado), pelo malandro que drasticamente se pune e, como acabamos de ver, por Rosinha que emite, com seu gesto simbólico, a sentença final. Trata-se, portanto, de um *sincretismo actancial*: três atores investindo um só actante. E fechamos o parêntese.

É pelo investimento atorial que tomamos conhecimento dos contornos axiológicos e ideológicos que enquadram um processo narrativo. O ingresso de Rosinha na posição de avaliadora corresponde à imediata substituição dos parâmetros que medem a capacidade técnica dos produtores de versos por outros que possam aferir a intensidade amorosa do sujeito. De acordo com esses últimos critérios, o vencedor é aquele que decidiu pagar

---

3. Cf. J. Courtés, *Analyse sémiotique du discours: de l'énoncé à l'énonciation*, p. 99.

com a vida o preço do amor perdido. Compreende-se, assim, porque o narrador deixa de lado o sujeito vitorioso e acompanha o outro rumo ao seu desenlace dramático. A narrativa principal ainda estava em curso e só se encerraria com o julgamento praticado por Rosinha.

Pode-se dizer, em termos estritamente semióticos, que, de acordo com os critérios trazidos por Rosinha na condição de destinador-julgador, a principal avaliação recai sobre a competência afetiva dos sujeitos e não sobre competência de improviso, como deixa entender o narrador quando descreve a "façanha". Instaura-se aqui a verdadeira equação dialética formulada no texto: aquilo que se configura como descontinuidade no primeiro quadro axiológico de julgamento, converte-se em continuidade com o advento dos novos parâmetros de avaliação; do mesmo modo, a superação do obstáculo que em geral é signo de progresso transforma-se aqui em finalização de trajetória. Basta observarmos o destino narrativo do malandro triunfante, que simplesmente desaparece de cena, em contraposição à quase onipresença do malandro vencido que, além de dar continuidade à história pós-disputa, ainda ressurge como memória no momento enunciativo do texto: "Uma cruz a gente vê".

Isso significa que, pela lógica interna desta letra, a escolha dos valores de limite tem, como corolário, sua conversão em perenidade. Ao anunciar que um dos adversários "parou de versejar", o narrador estava, em dimensão extensa, revelando a vocação desse malandro para a continuidade narrativa, o que se confirma também nos elos actanciais que mantém com a personagem Rosinha. De fato, é justamente essa participação do actante-sujeito que Rosinha impulsiona como destinador-manipulador, mantém em andamento como objeto e pereniza como destinador-julgador. Preferimos *pereniza* a *finaliza* porque, embora o aspecto terminativo faça parte integrante da narração em causa, o que salta aos olhos no momento da sanção é o gesto da imortalização da memória simbolizado na fixação da cruz. Mais uma vez, é o limite que engendra a continuidade.

Essas considerações sobre o nível profundo do texto ou, mais precisamente, sobre o tratamento da extensão (abertura/fechamento, concentração/expansão etc.) que subjaz à percepção do sentido do texto, contribuem diretamente para a compreensão das estrofes mais figurativas que mobilizam os atores "lua" e "sol".

Lá no morro
Uma luz somente havia
Era a lua que tudo assistia
Mas quando acabava o samba
Se escondia

Lá no morro
Uma luz somente havia
Era o sol quando o samba acabou
De noite não houve lua
Ninguém cantou

Ambas as estrofes apresentam como determinante espacial do plano discursivo a expressão "Lá no morro". As marcas temporais, por sua vez, servem para distinguir uma estrofe da outra, a partir do aspecto imperfeito dos verbos, indicando a continuidade própria da primeira, em oposição ao aspecto perfeito, indicando o caráter terminativo da segunda.

O reflexo desses recursos em profundidade dá-se pelos valores

– de limite ou de gradação – associados à noção de *luz* e de *som*. Há uma luz que tende à *abertura*, num processo rítmico em que o *fechamento* figura como condição necessária e passageira. Essa luz agrega-se metonimicamente ao ator "lua". Ele assiste à cena, esconde-se, reaparece, assiste à cena... Do mesmo modo, há um som que tende à continuidade, sincronizado que está com o ritmo de surgimento da luz. Seu vínculo metonímico é com a figura do "samba" e sua formulação abstrata pode ser traduzida pela orientação que leva da *parada* à *parada da parada*. A abertura sempre renovada da luz coincide, portanto, com o retorno periódico do som: lua e samba.

Mas há outra luz que tende ao fechamento e à interrupção do processo cíclico (ou rítmico) e que se configura como extensão metonímica do ator "sol". Atrelado a essa luz que fecha está o som (do samba) que se encerra.

Portanto, em complementação aos elementos que, no plano discursivo, demarcam o espaço e o tempo na superfície do texto, temos as figuras da luz e do som que servem para articular, respectivamente, um espaço e um tempo profundos sob a égide das direções que levam da *abertura* ao *fechamento* (e vice-versa) ou da *continuação* à *parada* (e vice-versa).

Assim, essas duas estrofes representam figurativamente as tendências tensivas que já havíamos identificado no componente narrativo. De um lado, a *parada* que continua, ou seja, a *parada* que é passageira pois faz parte de um ciclo mais amplo em que o destino de todo fechamento é consumir-se em nova abertura. Esse processo coordenado pelo ator lua deixa-se refletir no percurso narrativo desencadeado pelo ator Rosinha (no papel de destinador), cujo personagem-sujeito é justamente o malandro que "parou de versejar". Dessa *parada* inicial decorre sua continuidade (*parada da parada*) narrativa. De outro lado, a continuidade que acaba, ou seja, o processo rítmico que se interrompe, coordenado pelo ator sol e que ressoa, narrativamente, no percurso do malandro vitorioso: embora tenha feito jus à continuidade, sua história é definitivamente interrompida.

Esses valores tensivos depreendidos pela análise são elementos do modelo descritivo mas não estão muito distantes da nossa percepção direta dos textos. Aliás, nem poderiam estar, sob pena de perdermos um dos principais indícios que atestam o controle do princípio de adequação[4]. Quem lê – ou ouve – muitas vezes esta letra, acaba pressentindo que, por trás da manifestação de um episódio de morte, paira uma força de continuidade associada à figura emblemática de Rosinha. Daí à identificação dessa personagem com a lua, ambas assistindo rotineiramente ao que se passa no morro, é um passo.

---

4. Princípio que regula a conformidade da teoria com seu objeto de investigação. Cf. L. Hjelmslev, *Prolegômenos a uma Teoria da Linguagem*, São Paulo, Perspectiva, 1975, p. 16.

Conceição
Jair Amorim e Dunga

Conceição
Eu me lembro muito bem
Vivia no morro a sonhar
Com coisas que o morro não tem

Foi então
Que lá em cima apareceu
Alguém que lhe disse a sorrir
Que descendo a cidade
Ela iria subir

Se subiu
Ninguém sabe, ninguém viu
Pois hoje o seu nome mudou
E estranhos caminhos pisou

Só eu sei

QUE TENTANDO A SUBIDA DESCEU
E AGORA DARIA UM MILHÃO
PARA SER OUTRA VEZ CONCEIÇÃO

Na configuração *sêmio-narrativa*[1] desta letra destaca-se, ao lado do *fazer pragmático* definido por "esferas de ação" e por qualificações dos actantes, a necessidade de se considerar um *fazer tímico-cognitivo* que explique as transferências de *saber* operadas no texto, por intermédio dos procedimentos persuasivos e interpretativos manobrados respectivamente pelo destinador e pelo destinatário, e o efeito delas sobre as crenças e disposições afetivas da protagonista. A dimensão cognitiva dá conta, digamos assim, dos aspectos descontínuos, intelectivos, gerados no interior do sujeito e sua mais avançada tradução está inscrita no sistema dos verbos modais (*querer, dever, poder, saber*), incidindo sobre o *fazer* ou o *ser* deste sujeito, e nos processos de *sobremodalização*[2] empreendidos entre os actantes do discurso. Privilegiaremos, por razões didáticas, essa dimensão mas não podemos deixar de considerar que os valores contínuos e gradativos, responsáveis por tensões e sentimentos vividos pelo sujeito, sustentam boa parte das decisões tomadas pelo actante principal ao longo deste texto. Daí a nossa opção pela expressão "tímico-cognitivo"[3].

---

1. O prefixo "sêmio" indica que o nível narrativo já incorporou valores selecionados em nível profundo.
2. Sobremodalização é o processo pelo qual as modalidades que definem um sujeito incidem sobre a competência modal do outro produzindo aí uma alteração.
3. Retomamos aqui a noção de *timia* – via de regra substituída por *foria* neste trabalho – para agregar à dimensão cognitiva a porção sensível do *ser* considerada em sua globalidade, independente de qualquer articulação tensiva.

CONCEIÇÃO

Segmentação da Letra

A divisão da letra em quatro estrofes já é em si uma proposta de segmentação lançada no plano textual[4] pelo próprio enunciador. O que nos chama a atenção, porém, é a presença subjacente de outros níveis de segmentação, ligados principalmente à temporalidade, à aspectualidade e à distribuição espacial das cenas do relato, que podem nos ajudar a demarcar as posições enunciativas aqui operadas.

Assim, um sujeito em terceira pessoa, "Conceição", e um actante *observador* em primeira pessoa, *eu*, são imediatamente debreados da instância de enunciação, marcando dois tempos-espaços distintos e hierarquizados. Em outras palavras, uma debreagem enunciva introduz o sujeito do *fazer* e os dados do *narrado*, enquanto uma debreagem enunciativa institui um sujeito em primeira pessoa, responsável pela disseminação dos elementos temporais no texto e pela transformação em processo de seus programas narrativos. Temos, portanto, a situação de enunciação restituída pelos simulacros de tempo presente e de primeira pessoa em dois versos ("Eu me lembro muito bem" e "Só eu sei") e, no restante, a debreagem enunciva propriamente dita, na qual se desenrola o percurso do sujeito do *fazer*.

Desta primeira divisão, muito ampla, entre o que podemos chamar de texto enunciativo e texto enuncivo, parece-nos útil detalharmos um pouco mais as possibilidades de segmentação, pelo menos do ponto de vista da espacialidade, da temporalidade e da aspectualidade.

---

4. No plano textual, temos o encontro do plano do conteúdo (do significado) com o plano da expressão (do significante).

Com efeito, esta letra nos apresenta também um transcurso explícito no eixo da verticalidade, sobre o qual podemos depreender a oposição *superatividade / inferatividade*, investindo respectivamente as duas primeiras e as duas últimas estrofes e fundando, assim, uma segmentação de ordem espacial. Os principais indícios dessa ordem estão inscritos nas expressões "morro" e "lá em cima", manifestando a superatividade, e nos termos "descendo" e "cidade" (esta em oposição espacial a "morro"), manifestando a inferatividade.

Por fim, a segmentação mais minuciosa, e coincidente com o recorte natural já apresentado pela letra, fica por conta da temporalidade e de seus traços aspectuais. Tudo se processa numa anterioridade com relação ao ponto de vista estabelecido pelo enunciador (que é, ao mesmo tempo, o actante observador). Isso nos permite considerar, ao menos, quatro anterioridades que contêm durações explícitas ou pressupostas, delimitadas por traços aspectuais de pontualidade[5].

1ª anterioridade:

Conceição
Vivia no morro a sonhar
Com coisas que o morro não tem

A primeira anterioridade compreende uma duração contínua, sem incoatividade definida, mas com um ponto terminativo

---

5. Estamos falando evidentemente do texto enuncivo, em que a sucessão temporal se refere ao percurso do sujeito do *fazer*, mas a referência para a avaliação deste percurso é o ponto de vista do narrador-observador.

marcado pela suspensão da ordem estabelecida que desencadeia uma segunda anterioridade.

2ª anterioridade:

Foi então
Que lá em cima apareceu
Alguém que lhe disse a sorrir
Que descendo a cidade
Ela iria subir

A segunda anterioridade, que abriga o centro da prova *qualificante*[6], funciona como um pivô articulando a interrupção do segmento anterior com o desencadeamento da ação principal contida no trecho subseqüente. A duratividade deste segmento corresponde à sobremodalização que veremos adiante.

3ª anterioridade:

Se subiu
Ninguém sabe, ninguém viu
Pois hoje o seu nome mudou
E estranhos caminhos pisou

A terceira anterioridade assinala um ponto terminativo que pressupõe uma ação concluída. Este trecho corresponde à prova

---

6. No esquema narrativo oriundo de V. Propp, a prova *qualificante* define a primeira etapa em que o sujeito adquire competência para entrar em ação (segunda prova, a *decisiva*). A terceira e última prova é a *glorificante*, na qual o sujeito se submete à avaliação de um destinador-julgador.

decisiva do sujeito do fazer e sua duratividade vem marcada catafórica e anaforicamente pelos segmentos anterior e posterior: "descendo à cidade" e "tentando a subida".

4ª anterioridade:

Que tentando a subida desceu
E agora daria um milhão
Para ser outra vez Conceição

Finalmente, esta última etapa, que por definição também pode ser considerada uma quarta anterioridade em função do ponto de vista do observador, apresenta, ao contrário das outras, uma visão prospectiva dentro de um simulacro de presente contínuo. A marca "agora" acusa uma debreagem enunciativa temporal que recupera o texto de sua dimensão eminentemente enunciva para um plano de enunciação, integrando-o aos dois únicos versos em primeira pessoa que aparecem na letra. O tempo enuncivo coincide, então, com o tempo enunciativo[7]. No entanto, o tempo do sujeito do fazer perpassa o foco de observação e se projeta num programa narrativo (PN) virtual (contendo apenas o *querer*) de retorno ao estado inicial, cuja realização já vem impedida pela irreversibilidade do próprio tempo histórico.

Este segmento contém o desfecho da ação do trecho anterior ("tentando a subida desceu"), que pode ser entendido como prova glorificante, mas contém também a proposta de um novo pro-

---

[7]. A debreagem enunciativa temporal, responsável por um fenômeno de reembreagem ao plano enunciativo, introduz aqui certas insinuações quanto a uma possível proximidade entre o espaço presente do enunciador e o espaço presente (ou estado atual) do sujeito "Conceição". Do mesmo modo, provoca um efeito de maior intimidade entre um e outro.

CONCEIÇÃO

grama que permanece em estado virtual (dotado apenas do /querer/) e que soa como cumprimento de uma sanção: "E agora daria um milhão / Para ser outra vez Conceição".

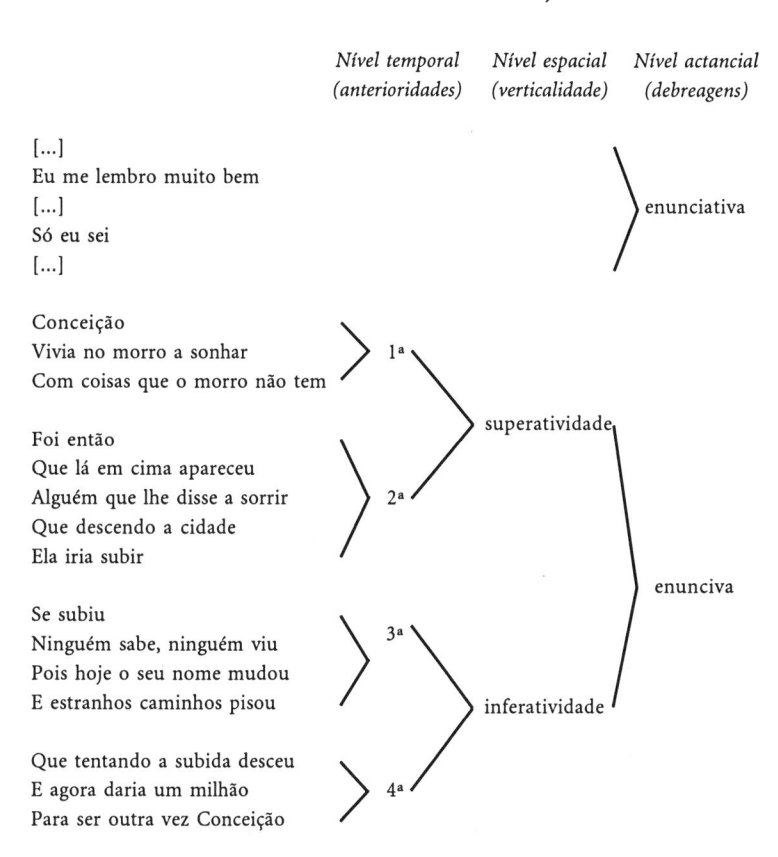

	Nível temporal (anterioridades)	Nível espacial (verticalidade)	Nível actancial (debreagens)

[...]
Eu me lembro muito bem
[...]
Só eu sei
[...]
⟩ enunciativa

Conceição
Vivia no morro a sonhar   ⟩ 1ª
Com coisas que o morro não tem

Foi então
Que lá em cima apareceu
Alguém que lhe disse a sorrir ⟩ 2ª
Que descendo a cidade
Ela iria subir

superatividade

Se subiu
Ninguém sabe, ninguém viu   ⟩ 3ª
Pois hoje o seu nome mudou
E estranhos caminhos pisou

enunciva

inferatividade

Que tentando a subida desceu
E agora daria um milhão   ⟩ 4ª
Para ser outra vez Conceição

A instauração do enunciador (actante-observador) por meio da debreagem enunciativa funciona não apenas como um fio condutor que põe em processo as transformações dos PNs, mas também como elemento de integração entre o texto e uma determinada axiologia subjacente. A existência paradigmática dos valores, marcada sob o aspecto fórico (ou tímico) pelos termos euforia / disforia, corresponde a uma classificação profunda, axiológica, dos valores coletivos que surgem na forma de objetos desejáveis (ou não-desejáveis) e objetos devidos (ou não-devidos) para uma comunidade.

As informações a respeito do plano axiológico, entretanto, só podem ser fornecidas pelos recursos de construção do próprio texto, o que, de resto, ocorre com todas as informações pertinentes do ponto de vista semiótico. Em outros termos, os mecanismos de atração e repulsa apresentados pela letra nas relações de sujeito e objeto nos permitem reconstituir aspectos de uma possível taxinomia axiológica imanente. O caminho razoável parece-nos ser o da avaliação das ideologias contidas no relato, pois a "busca permanente dos valores"[8] empreendida pelos actantes-sujeitos é uma indicação, até certo ponto segura, do modo de existência dos valores profundos e de seu investimento fórico. O enunciador, ao instalar o sujeito do fazer numa narrativa do fracasso[9], instala, simultaneamente, um percurso (ou um estado) eventual do êxito que se caracteriza pela negação dos elementos da narrativa relatada[10]: se "Conceição" não alterasse a rota para a qual estava *predestinada* e preservasse seus valores de origem, um futuro de sucesso lhe estaria garantido. De qualquer modo, o percurso do fracasso explícito e o percurso do êxito implícito conectam o texto a uma axiologia cujos valores estão eufórica e disforicamente marcados.

---

8. Cf. *Dicionário de Semiótica*, p. 225.
9. Como a análise de texto faz sempre uma retroleitura do *corpus* integral, já podemos, desde o início, nos referir ao destino malsucedido, de acordo com a ótica enunciativa, da personagem principal.
10. Essa constatação está na base do que chamaremos, mais à frente, de *sistema de denegação*.

Pode-se verificar ainda, neste nível profundo, a articulação das célebres categorias gerais que Greimas importou de Lévi-Strauss para caracterizar "o primeiro investimento elementar do universo semântico coletivo": *natureza* vs. *cultura*. De fato, a oposição entre "morro" (natureza) e "cidade" (cultura), exposta aqui com tanta simplicidade, já delineia um modo paradigmático de existência dos valores, devidamente axiologizados pela superposição da categoria fórica: pelo viés do enunciador-observador, "morro" recebe um tratamento eufórico ao passo que "cidade" reúne todos os traços disfóricos.

Enquanto as debreagens enunciativas estabelecem as relações entre o desenrolar enuncivo e o plano axiológico subjacente incorporado pelo enunciador, a dimensão espacial oferece uma base tópica para o exercício da narratividade *stricto sensu*. Com efeito, neste relato, o eixo da verticalidade funciona como um *continuum* teórico, da superatividade à inferatividade, em cujo transcorrer se verifica o progresso narrativo. Do ponto de vista fórico, podemos dizer que, em nível espacial, a *superatividade* topicaliza a *natureza* segundo um denominador comum estabelecido pela *euforia* assim como *inferatividade* topicaliza a *cultura* de acordo com o traço *disforia*.

E do ponto de vista temporal, as anterioridades, já comentadas atrás, vão se desvalorizando foricamente na proporção em que se afastam do ponto de origem e vão se comprometendo com a irreversibilidade cronológica assentada pelo processo discursivo.

De início, portanto, já podemos vislumbrar uma isotopia abstrata, de natureza paradigmática, interligando os termos parciais das categorias semântica, espacial e temporal, todos sob a influência do termo euforia: *natureza*, *superatividade* e *incoati-*

vidade. De outro lado, os termos contraditórios[11] *não-natureza, não-superatividade* e *não-incoatividade*. Não seria correto considerar essa oposição pelos seus termos contrários – ou seja, *cultura, inferatividade* e *terminatividade* – porque o texto apresenta, com certa nitidez, um percurso de passagem de um ponto a outro e desde que o estado inicial é abandonado já se cancela o investimento da categoria euforia, ainda que o ponto de chegada permaneça indeterminado.

Primeiro Segmento

> Conceição [...]
> Vivia no morro a sonhar
> Com coisas que o morro não tem

O predicado "vivia no morro" revela um estado de conjunção entre o sujeito e o seu lugar de origem, conjunção esta que pode ser especificada pela inclusão do actante num espaço continente. No entanto, o verso seguinte, "coisas que o morro não tem", oferece a oposição necessária à expansão do lexema "morro" nos seguintes termos: [vivia com coisas que o morro tem], de maneira que percebemos com maior clareza a relação de conjunção do sujeito com valores pertencentes ao "morro".

Considerando o verso integral, "vivia no morro a sonhar", verificamos que, ao lado da conjunção pragmática (ou física) do sujeito com os objetos (descritivos ou modais) existentes no "morro", surge um desengate *tímico-cognitivo*, marcado pela expressão "sonhar", que remete o personagem a um plano imagi-

---

11. Lembramos que os termos contraditórios são aqueles que negam os termos contrários projetados no quadrado semiótico.

nário no qual transitam outros valores – e, portanto, outras eventuais narrativas – bastante diversos dos existentes no espaço do morro. Assim, viver no morro significa manter ao mesmo tempo um estado de conjunção no plano pragmático e um estado de disjunção no plano tímico-cognitivo:

S ∩ O [coisas que o morro tem]
S ∪ O [coisas que o morro não tem]

em que os sinais ∩ e ∪ significam, respectivamente, *conjunção* e *disjunção*.

Enquanto termo contraditório, a expressão "coisas que o morro não tem" demarca um ponto a meio caminho da trajetória contínua que vai de um pólo a outro do quadrado semiótico:

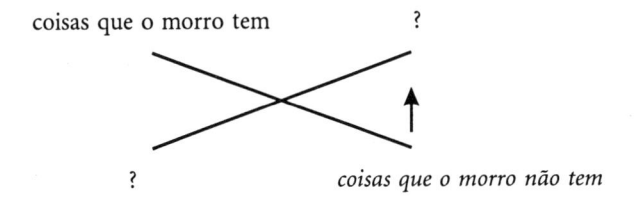

```
coisas que o morro tem           ?



        ?                coisas que o morro não tem
```

Este simples afastamento do primeiro termo do quadrado é suficiente para assinalar um deslocamento do espaço tímico-cognitivo por relação ao espaço pragmático ocupado pelo sujeito de estado, mesmo que o termo contrário que finalizaria o percurso ainda não tenha sido denominado. A separação dos espaços, tímico-cognitivo e pragmático, corresponderá, no transcorrer do relato, ao desencontro de programas narrativos equacionados a princípio em função do mesmo objeto de valor. Voltaremos a isso nos próximos itens.

A configuração narrativa deste primeiro trecho ainda pode ser enriquecida se examinarmos melhor, a partir de qualquer dicionário, a região semântica recortada pelo verso "sonhar" no contexto em que está inserido. Além da definição "entregar-se a fantasias e devaneios" que, até certo ponto, dá conta do deslocamento espacial comentado acima, outros *sememas*[12], igualmente presentes no contexto discursivo, como "pensar com insistência", "ter a idéia fixa", ou ainda, "desejar com veemência", revelam o investimento de uma modalidade virtual que qualifica a competência do sujeito e antevê, por isso, a possibilidade de um fazer narrativo. Trata-se, evidentemente, da modalidade do *querer*.

No plano discursivo, convém apenas esboçarmos os percursos isotópicos que poderão ser confirmados com nitidez no decorrer dos próximos segmentos. O nome próprio "Conceição" traz uma figura nuclear muito carregada semanticamente pela raiz etimológica, *conceptione*, designando "concepção da Virgem Maria", que instaura de chofre uma isotopia moral-religiosa, responsável por uma seleção preliminar dos semas que configuram a noção de "morro" (o outro lexema chave deste primeiro segmento). Assim sendo, os traços de divindade contidos na definição de "Conceição" podem destacar em "morro" os semas decorrentes do núcleo *superatividade* como, por exemplo, /elevação/ ou /altura/, que caracterizam este lugar como "região celeste". Do mesmo modo, a idéia de concepção sem contato físico que define "Conceição" ressoa em "morro" como um espaço delimitado e até mesmo fechado à penetração de elementos externos (vimos, no plano narrativo, que a evasão desse espaço só era possível em outra dimensão, a cognitiva); e o termo contraditó-

---

12. Acepções particulares de uma expressão.

rio, "coisas que o morro não tem", confirma a delimitação do espaço, acrescentando que fora dali as coisas são desconhecidas e estranhas a tal ponto que só podem ser definidas negativamente. Somos informados apenas que o espaço e os valores são outros, sem maiores precisões.

Se aprofundarmos um pouco a reflexão, podemos compreender que esse desconhecimento recai menos sobre as "coisas" em si, até porque com elas pode-se sonhar, mas principalmente sobre a origem dessas "coisas"; a que valores ou mesmo a que axiologia elas se prendem? No morro, ao contrário, as coisas são conhecidas e os valores identificáveis. Essas noções implícitas têm um retorno ao termo "Conceição", cuja simples manifestação já carrega um *sema*[13] de /identidade/ determinada, ao mesmo tempo que a expansão etimológica de seu sentido desvela a /invulnerabilidade/ das pessoas do "morro" e, ao mesmo tempo, o conhecimento dos seus valores de origem como, por exemplo, a moral cristã.

Além de tudo isso, a cultura brasileira tem no morro um centro de habitação em forma de favela, cuja tradição popular, ao alinhar-se aos traços levantados em "Conceição" (como /invulnerabilidade/ e /identidade/) contribui para atualizar, na macro-isotopia religiosa, os semas "simplicidade" e "dignidade".

E, por fim, para não deixarmos de fora a articulação primordial do universo semântico no plano do indivíduo, ou seja, a estrutura elementar articulada em *vida* e *morte* – complementar, segundo Greimas, à articulação *natureza/cultura* no plano coletivo, mencionada anteriormente – que funciona como embrião temático das configurações discursivas, identificamos no próprio núcleo etimológico de "Conceição" – *conceptione* – a plena

---

13. Traço diferencial de um *semema*

tradução do termo *vida*. A compatibilidade deste conteúdo com o seu correspondente social, *natureza*, é imediata dado que este termo também está contido e justificado em "morro", senão pela origem lingüística – "montão de seixos" ou "fragmentos de rocha", acepções que introduzem na esfera semêmica de "morro" um vínculo com o universo mineral –, pelo menos por seu caráter não-urbano (ou suburbano) peculiar à visão brasileira.

Segundo Segmento

> Foi então
> Que lá em cima apareceu
> Alguém que lhe disse a sorrir
> Que descendo a cidade
> Ela iria subir

Retomando as relações entre o espaço e os programas narrativos, verificamos que, neste segundo segmento, no espaço pragmático, onde o sujeito está de posse de seus valores, surge a função actancial reservada ao anti-sujeito, ou seja, aquela que visa a retirar o objeto do alcance do sujeito. Como se trata, neste caso, de um sujeito de estado em conjunção com seus objetos, o papel do anti-sujeito é retirá-lo desta condição de modo que fiquem rompidos seus prováveis contratos comunitários sob os quais reina a ordem estabelecida. Em outras palavras, esse anti-sujeito, cuja aparição se dá em instância pragmática – "apareceu" significa "tornar-se visível" –, tem como objetivo disjungir o sujeito Conceição de seus valores e conduzi-lo fisicamente para outro espaço com valores pragmáticos de ordem distinta. Ou seja, o anti-sujeito funciona como portador de outros valores, referentes a um outro espaço, a "cidade", o que funda, do ponto de vista descritivo, as categorias que faltavam para a complementação do percurso no quadrado semiótico (cf. esquema logo a seguir).

Entretanto, já observamos no segmento anterior, o espaço que contém uma possibilidade narrativa, virtualizada pelo *querer* do actante sujeito, é o espaço tímico-cognitivo, onde um simples preenchimento de competência com modalidades atualizantes – *saber* e/ou *poder* – já permite desencadear um processo narrativo. É inevitável, portanto, um desdobramento da função actancial: o ator discursivo "Alguém" mantém sua função actancial de anti-sujeito no PN pragmático situado em espaço também pragmático (a cidade) e acumula a função de destinador manipulador do sujeito destinatário na instância tímico-cognitiva, uma vez que colabora com o sujeito comunicando-lhe os objetos necessários a sua plena aquisição de competência. Esta manipulação pode se traduzir também em sua forma persuasiva (*fazer crer*) e a descrição mais analítica deste tipo de sobremodalização pode ser representada pelo modelo do destinador segundo o *saber* (em nosso *corpus* poderia ser representado como um *saber* do destinador sobre o *querer* do sujeito-destinatário) que persuade o destinatário em virtude das apreciações positivas que faz à respeito de sua competência. Se investirmos figurativamente esse mecanismo de sobremodalização estaremos, talvez, mais próximos à *sedução* (a marca discursiva "a sorrir" corrobora essa hipótese). Mas também seria perfeitamente cabível imaginarmos um destinador manobrando um *poder fazer* o destinatário *querer fazer* – o primeiro prometendo ao outro mundos e fundos – e, então, teríamos um caso de *tentação*[14].

---

14. Cf. D. L. P. Barros, *Teoria do Discurso*, p. 38.

Seja qual for o caso de manipulação, tudo indica que esta se concretizou numa performance pragmática de locomoção física do sujeito "Conceição" no eixo da verticalidade, até atingir seu pólo inferior. Do ponto de vista do sujeito, este PN, "descer à cidade", é apenas um programa auxiliar de um programa principal que ainda transcorre numa instância tímico-cognitiva, qual seja, "subir" (no sentido de aquisição de valores modais e de maior competência no âmbito social). Do ponto de vista do anti-sujeito, o PN da "descida à cidade" proposto para o sujeito se transforma em objeto de seu (do anti-sujeito) programa narrativo. Não fica claro se este último programa é auxiliar ou principal.

Enfim, na dimensão pragmática, o sujeito, que no primeiro segmento estava em conjunção com os valores do "morro", transforma-se agora em sujeito de uma performance física que tem como objeto sua própria transferência para um outro espaço – a "cidade". Intercalando-se àquele estado do primeiro segmento e a este processo relatado no segundo, o mesmo sujeito, sob um enfoque tímico-cognitivo, esteve em conjunção com o que podemos chamar de "não-morro" (ou "coisas que o morro não tem") e agora surge posicionado frente a um novo objeto, "subir", que pressupõe um PN específico.

Temos, assim, os estados iniciais:

a) S → O (morro) de um ponto de vista pragmático
b) S → O (não-morro) de um ponto de vista tímico-cognitivo

e as primeiras ações transformadoras:

c) S → O (cidade) de um ponto de vista pragmático

d) S → O (subir) de um ponto de vista tímico-cognitivo

em que as setas correspondem ao *fazer* do sujeito.

Quando nos voltamos ao plano discursivo podemos verificar todas as complementações dos percursos esboçados no primeiro segmento. Além dos termos contraditórios "morro" e "não-morro", encontramos, nessa etapa, o investimento dos respectivos contrários: "cidade" e "não-cidade" (também contraditórios entre si).

O quadrado completa-se então com os termos:

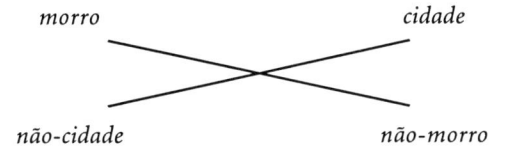

morro   *cidade*

não-cidade   *não-morro*

ou com suas expansões:

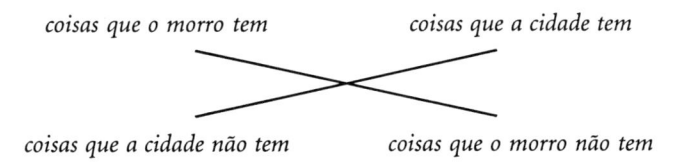

coisas que o morro tem   *coisas que a cidade tem*

coisas que a cidade não tem   *coisas que o morro não tem*

que representam investimentos sobre as categorias espaciais de verticalidade,

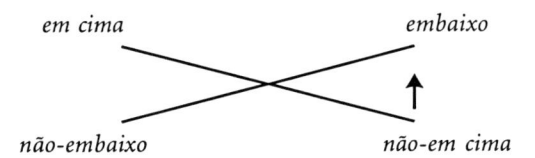

em cima   *embaixo*

não-embaixo   *não-em cima*

nas quais "em cima" e "embaixo" definem os estados pragmáticos, "não-em cima" e "não-embaixo" os estados tímico-cognitivos e a seta a transformação de um estado tímico-cognitivo ("não-em cima) em estado pragmático ("embaixo").

Os termos deste quadrado devem ser lidos do ponto de vista do sujeito do fazer ("Conceição"). Quando o sujeito está "em cima" ou "no morro" em dimensão pragmática, este mesmo sujeito *não* está "em cima" – está no "não-morro" – em dimensão tímico-cognitiva. Do mesmo modo, quando o sujeito pretende "descer" à "cidade" ou permanecer "embaixo" em dimensão pragmática, em dimensão tímico-cognitiva ele pretende "subir", isto é, não ficar "embaixo", o que equivale a dizer, como já assinalamos, que ir à cidade constitui apenas um PN auxiliar (embora seja o único PN efetivamente realizado no relato). Os termos contraditórios funcionam, pois, como se fossem a contrapartida tímico-cognitiva presente em todo estado pragmático da narrativa. Essas duas faces da mesma moeda permitem as freqüentes oposições discursivas do tipo "*descendo* à cidade, ela iria *subir*", as quais, se fossem lidas na mesma dimensão, acusariam incoerência.

Outra questão discursiva diz respeito aos níveis, atorial e espacial, que podem ser avaliados em comparação com o que já levantamos para o primeiro segmento.

Sem dúvida, as categorias centrais ficam por conta do ator "alguém" e da figura da "cidade". Por menos que se caracterize esse ator, sua posição sintáxica espacial vem, até certo ponto, determinada pela expressão "lá em cima apareceu". Ainda que com alguma ambigüidade, podemos configurar para este discurso, no máximo, três espaços: o do "morro", o da "cidade" e o espaço de enunciação. Se há "alguém" que surgiu "lá em cima" é porque, anteriormente, não pertencia àquele espaço (lembre-se que se tratava de um espaço circunscrito, fechado e conhecido). Se, por outro lado, esse ator recebe tratamento em terceira pessoa, não poderá jamais participar da instância de enunciação. Resta-lhe, portanto, o espaço da "cidade" ainda que o texto não se refira a isso explicitamente. A ambigüidade está na possibilidade de sincretismo entre o espaço de enunciação e o espaço da "cidade", pois que se fala em "lá em cima" e nunca em "lá embaixo".

Ao contrário de "Conceição", "alguém" ocupa um *topos* referente a um onomástico sem propriamente nomeá-lo. É a caracterização patente da ausência de *identidade* ou, pelo menos, da desimportância desta. Assim também nada nos é informado sobre a procedência desse "alguém". Sabe-se apenas que não fazia parte do universo superativo ao qual se restringe a região escolhida para o exercício da /pureza/ e da /invulnerabilidade/. Tal procedência pode então ser definida como profana no sentido etimológico do termo ("para além da muralha consagrada") e invasiva, na medida em que a aparição do ator "alguém" interfere (daí a posição actancial de anti-sujeito) na ordem estabelecida, causando sua ruptura.

Nessa mesma linha pode ser lida a configuração semântica de "cidade". A correlação desse espaço com "alguém" não se dá apenas por eliminação dos espaços possíveis, conforme vimos acima, mas, sobretudo, por uma nítida compatibilização sêmica. Em primeiro lugar, os traços de inferatividade explicitamente atribuídos à cidade na expressão "descendo à cidade" contrapõem-se aos traços de superatividade contidos em "morro" principalmente quando este lugar, constituindo isotopia com "Conceição", adquire traços de divindade e torna-se um espaço celeste. Como resultado temos que a configuração de "cidade" acaba girando em torno não apenas de um espaço profano, o que já lhe traz correlação imediata com "alguém", mas também acrescenta a noção de "espaço satânico" que vem reforçar definitivamente a macro-isotopia religiosa (a oposição céu/inferno se estabelece no eixo da verticalidade). A influência sêmica de "cidade" sobre "alguém", intensificado pela marca "apareceu", sugere a expressão figurativa do demônio, investindo a categoria narrativa do anti-sujeito.

O desconhecimento da identidade do ator parece se estender a todas as coisas pertencentes à "cidade" ou, em última instância, a todas as coisas não pertencentes ao "morro". A expressão "coisas que o morro não tem" reflete o desconhecimento de tudo aquilo que transcende o espaço circunscrito, bem como a complexidade incontrolável (já que sua denominação positiva é apenas sugerida pela negação do que já se conhece) dos fatos que surgem a partir desta transcendência.

Resta lembrarmos que, de acordo com o universo semântico coletivo, "cidade" é o investimento mais eloqüente da categoria *cultura* e que, no universo semântico individual, todos os percursos que aqui se afastam do nome "Conceição" e do espaço do "morro" representam a degeneração da *vida* – isto é, a *não-vida* e não propriamente a *morte*, cujo termo não vem proposto pelo texto.

Podemos, por ora, antever as regiões sêmicas que compõem o paradigma isotópico desse texto, perante o qual se processam as mudanças de estado e os investimentos responsáveis pelo sentido. Já salientamos que o enunciador lança mão de um modelo espacial percorrendo o eixo da verticalidade, no qual a superatividade recebe a marca eufórica, e a inferatividade, a disfórica. Vimos também reiterar-se a hipótese do universo semântico coletivo através dos termos *natureza*, associada à superatividade, e *cultura*, ligada à inferatividade; do ponto de vista do universo semântico individual, *vida* e seu termo contraditório *não-vida* também compareçem preenchendo respectivamente os dois pólos do eixo.

A partir desse quadro, duas isotopias básicas se opuseram na configuração de dois núcleos, preenchidos cada um por uma categoria atorial e uma categoria topológica. Assim, tivemos para a manifestação dos elementos "Conceição" e "morro", do primeiro segmento, a seguinte relação sêmica asseguradora da isotopia: /identidade/, /invulnerabilidade/, /simplicidade/, /familiaridade/ e /divindade/ que se contrapõem e se definem pela correlação contraída com os semas responsáveis pela isotopia constituída entre "alguém" e "cidade" do segundo segmento: /anonimato/, /devassamento/, /complicação/, /excentricidade/ e /profanação/. Donde a última oposição /divindade/ vs /profanação/ serve para conectar o relato numa macro-isotopia religiosa[15].

TERCEIRO SEGMENTO

Se subiu
Ninguém sabe, ninguém viu
Pois hoje o seu nome mudou
E estranhos caminhos pisou

"Se subiu" pressupõe a execução do primeiro PN, "descer à cidade", que, por sua vez, funciona como objeto do PN do anti-sujeito (cf. atrás, p. 72). Esta posição sintáxica faz com que o

---

15. Outras macroisotopias poderiam ser lembradas neste trabalho: a sócio-econômica, a sexual etc. Preferimos, entretanto, mencionar apenas a macroisotopia moral-religiosa por nos parecer mais expressiva.

anti-sujeito detectado no segundo segmento, apareça aqui na função de antidestinador responsável pelo PN pragmático exercido por "Conceição". Com efeito, a cisão entre dimensão tímico-cognitiva e dimensão pragmática prossegue com o mesmo ator, "Conceição", desempenhando funções actanciais opostas: cognitivamente, "Conceição" é sujeito do PN "subir"; pragmaticamente, "Conceição" passa a ser anti-sujeito, ou seja, executa PNs que impedem que o sujeito consiga "subir", ou ainda passa a ser sujeito que se define pelo objeto "descer", o que vem a ser a mesma coisa.

Em outras palavras, os PNs pressupostos pela mudança de nome e pela passagem por "estranhos caminhos" seguiram em direção oposta àquela definida como percurso principal do sujeito tímico-cognitivo. Tudo indica que esses anti-PNs tiveram êxito em seus intentos, o que corresponde necessariamente ao fracasso do PN do sujeito principal. Claro que todas essas articulações supõem a sobremodalização de um antidestinador que, nessa condição, instrui negativamente a competência do sujeito sonegando-lhe as modalidades atualizantes (*poder* e *saber*) que o levariam, certamente, à realização. Ao contrário, tais modalidades são oferecidas, provavelmente pelos mecanismos de manipulação) para que o sujeito realize percursos inversos – portanto, de anti-sujeito –, servindo unicamente a um *querer* do antidestinador.

No plano discursivo, a passagem transformadora da dimensão pragmática significa um cancelamento sêmico completo dos traços ligados à superatividade: a /invulnerabilidade/ se converte em /devassamento/ (ou, mais figurativamente, em /devassidão/) e a /simplicidade/ transforma-se em /complicação/ ("Ninguém sabe, ninguém viu"); além disso, /familiaridade/ converte-se em /excentricidade/ ("Estranhos caminhos pisou") e /identidade/, traço que demarca o núcleo sêmico do texto transforma-se também em /não-identidade/ ("Pois hoje o seu nome mudou") deslocando irreversivelmente o estado narrativo para o pólo da inferatividade:

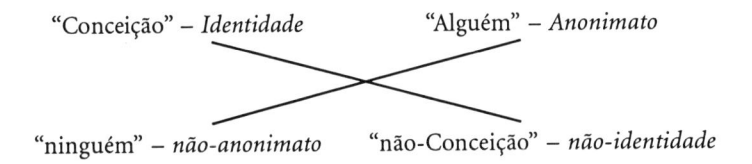

"Conceição" – *Identidade*   "Alguém" – *Anonimato*

"ninguém" – *não-anonimato*   "não-Conceição" – *não-identidade*

Quarto Segmento

Que tentando a subida desceu
E agora daria um milhão
Para ser outra vez Conceição

Ao mesmo tempo que temos um desfecho favorecendo o anti-sujeito em dimensão pragmática, do ponto de vista tímico-cognitivo o sujeito prossegue sua busca – desta feita não apenas munido da virtualidade do *querer* mas também de um *saber*, fruto da experiência adquirida com programas narrativos que redundaram em fracasso – mas se posiciona diante de um objeto cuja aquisição dependeria de uma reversibilidade temporal (e moral, do ponto de vista tímico-cognitivo). Isso significa que a competência do sujeito ainda carece de uma modalidade, a do *poder*, e esta lhe é vetada na forma de sanção negativa em conseqüência de seu fracasso narrativo.

O estado de irreversibilidade em que se encontra o sujeito e sua impotência em relação ao objeto, agora revelado como um *saber* inequívoco, só pode ser atribuído a uma instância transcendente, na qual o destinador-julgador exerce com onipotência sua autoridade de julgamento, dispensando qualquer justificativa. Em outros termos, tal sanção parece advir de um universo semântico coletivo que assegura um fundo epistemológico para que esse episódio específico não apresente controvérsias ou relações polêmicas quanto aos princípios adotados pelo ponto de vista da enunciação.

Assim, em sua dupla debreagem, "Conceição" encerra sua trajetória em posição contrária à inicial. De fato, em nível pragmático, ocupa a posição *embaixo*. Em nível tímico-cognitivo, porém, ocupa a posição *não-embaixo*, ou seja, não se identifica com os valores reunidos pelo termo *embaixo* e desejaria trocá-los pelos valores do termo *em cima* ("daria um milhão para ser outra vez Conceição"). Essa disposição final do ator no quadrado semiótico, entre *embaixo* e *não-embaixo*, é a responsável pelo efeito de sentido de *contradição* que nos passa a figura de "Conceição":

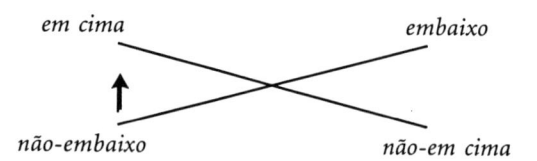

```
        em cima              embaixo
            ↑  ╲          ╱
               ╲        ╱
                ╲      ╱
                 ╲    ╱
                  ╲  ╱
                   ╳
                  ╱  ╲
        não-embaixo    não-em cima
```

A presença, neste último segmento, da marca temporal "agora" contribui para o engate do texto à situação de enunciação e, conseqüentemente, para a exibição da ideologia que sustenta a história como um todo e a sanção aplicada nessa última fase. Sim, pois as debreagens enunciativas ("Eu me lembro muito bem" e "Só eu sei"), introduzindo a participação do enunciador-observador, nos convidam a uma retroleitura sob o enfoque deste actante, a partir da qual podemos estabelecer algumas conclusões:

a) A sanção aqui é transmitida pelo *saber* cúmplice do narrador ("Só eu sei"). Em outras palavras, algo foi considerado como expressão da *verdade* para que o percurso do sujeito, e este próprio enquanto *ser*, pudessem ser avaliados e julgados pela função de destinador implícita. Lembremos as operações com as modalidades veridictórias que caracterizam a etapa da sanção:

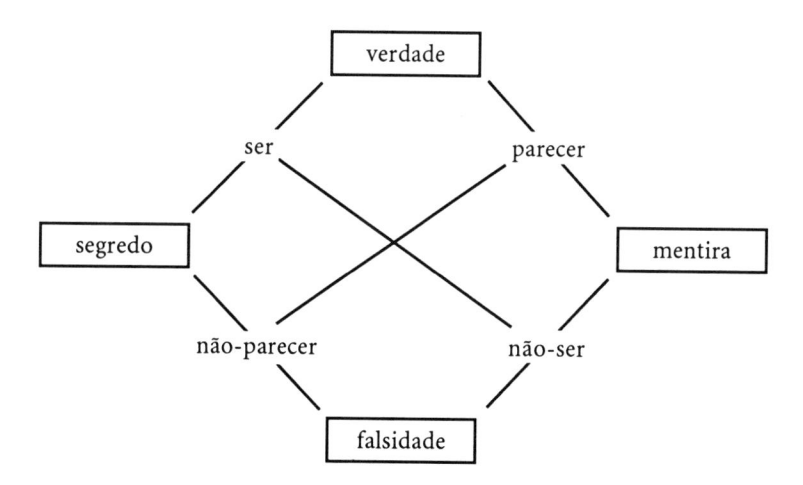

```
                    ┌─────────┐
                    │ verdade │
                    └─────────┘
                   ╱           ╲
               ser               parecer
              ╱       ╲       ╱       ╲
   ┌─────────┐          ╲   ╱          ┌─────────┐
   │ segredo │           ╳             │ mentira │
   └─────────┘          ╱   ╲          └─────────┘
              ╲       ╱       ╲       ╱
          não-parecer           não-ser
                   ╲           ╱
                    ┌──────────┐
                    │ falsidade│
                    └──────────┘
```

Assim podemos entender a trajetória do sujeito do fazer que, de início, vive e age segundo o *segredo* (ser + não-parecer), ou seja, já estava em cima mas não parecia, e que, posteriormente, passa à condição de sujeito segundo a *mentira* (parecer + não-ser), na medida em que embaixo parecia ser melhor mas não era. A descoberta da *verdade* (ser + parecer) reflete apenas uma aquisição tímico-cognitiva sem solução pragmática.

b) A verdade, reveladora da ideologia enunciativa desta letra, foi habilmente distribuída pelas diversas fases do relato por meio de uma secreta correlação de isomorfia entre dimensão tímico-cognitiva e dimensão pragmática. Ou seja, aquilo que está "em cima" de um ponto de vista físico-espacial corresponde à superatividade moral ou tímico-cognitiva. Portanto, o deslocamento físico de descida corresponde necessariamente a uma degeneração tímico-cognitiva.

c) Acoplados a essa visão da espacialidade estão os mecanismos de processualização temporal introduzidos em discurso. A *verdade*, bem como os semantismos profundos apontados pelas categorias *natureza, vida, superatividade*, todas sob a égide da *euforia*, pertencem à noção de *origem* ou, mais tecnicamente, à *incoatividade*. Todas as ocorrências posteriores adquirem a forma do tempo e se convertem em *irreversibilidade*. Não esqueçamos que, de um ponto de vista lógico, nada impede que a sucessão dos PNs retorne ao ponto de partida. Entretanto, as etapas narrativas assumem aqui uma feição cronológica tornando inviável qualquer tentativa de anulação do tempo decorrido.

d) O atrelamento das considerações cognitivas (morais) ao eixo da espacialidade que se projeta no mundo natural como fazendo parte do senso comum e a supervalorização dos traços indicativos de origem atestam um certo equilíbrio lógico-moral atribuído a tudo que constitui isomorfia com as dimensões naturais e primordiais do universo humano: a espacialidade e a temporalidade. Isso tudo concorre para a caracterização de um "naturalismo" ideológico que pode ser sintetizado na seguinte proposição eufórica: preservação das coisas no estado em que se apresentam originalmente.

O Cio da Terra
Milton Nascimento e Chico Buarque

Debulhar o trigo
Recolher cada bago do trigo
Forjar no trigo o milagre do pão
E se fartar de pão

Decepar a cana
Recolher a garapa da cana
Roubar da cana a doçura do mel
Se lambuzar de mel

Afagar a terra
Conhecer os desejos da terra
Cio da terra, propícia estação
E fecundar o chão

    Essa letra apresenta, em três estrofes, diversos encadeamentos de programas narrativos, cada programa caracterizado por um *fazer* específico e todos convergindo para um PN principal. Na última estrofe, o núcleo do programa principal coincide com a própria *ação*: "E fecundar o chão". Nas duas primeiras, que observam rigorosamente a mesma estrutura, o núcleo recai sobre a *transformação*, que nada mais é do que o resultado da ação principal: "Forjar no trigo o milagre do pão" e "Roubar da cana a doçura do mel".

Embora ação e transformação designem a mesma fase narrativa, podemos depreender, desde já, uma diferença de velocidade entre ambas. A noção de "fecundar" pressupõe um segmento de duração, uma ação contínua, que a transformação omite de seu percurso. A passagem brusca do trigo ao pão ou da cana ao mel revela a presença de valores descontínuos e velozes que, como tais, desconsideram os movimentos gradativos intermediários. Da disjunção passa-se à súbita conjunção com o objeto (o "pão" ou o "mel") – processo esse figurativizado, na primeira estrofe, como "milagre" –, não sem antes proceder a uma preparação paciente e ordenada.

Nível Narrativo

Com efeito, podemos considerar o encadeamento dos três programas narrativos, que coincidem com os três versos iniciais das primeiras estrofes, como um caminho de aquisição de competência e, por fim, de consumação da mudança de estado juntivo do sujeito.

"Debulhar o trigo" e "Recolher cada bago do trigo" – assim como "Decepar a cana" e "Recolher a garapa da cana"[1] – são

---

1. Até segunda ordem, tudo que for dito para a primeira estrofe vale para a segunda.

ações que supõem um sujeito realizador a serviço de um projeto geral de trabalho agrícola que só se define plenamente na extensão completa da letra. A impessoalidade do infinitivo dos verbos não esconde os acordos subjetais que sustentam suas realizações: alguém, que pode ser um sujeito coletivo, exerce sua atividade em nome de alguém, que pode ser um destinador também coletivo. Somente a partir da interação desses dois agentes, um que *faz* e outro que *faz fazer*, podemos compreender a configuração do desejo e/ou do espírito de *dever* que respondem pela mobilização desses PNs. Por trás da seqüência "Debulhar...", "Recolher..." e "Forjar..." há um sentido de missão que se cumpre passo a passo e que, além do *querer* e do *dever* iniciais, pressupõe a confirmação de um *saber* (como e o que fazer) e a conquista gradativa do *poder* efetivar a transformação ("Forjar no trigo o milagre do pão").

A maneira fluente pela qual cada PN cede lugar ao programa seguinte demonstra que, apesar de manter-se oculto, o destinador desse texto exerce o seu poder transcendente com a maior eficácia possível: não deixa dúvida quanto ao valor do objeto (o "pão" ou a "cana"), assim como não dá margem para que uma força antagonista de peso ameace sua conquista. Claro que o anti-sujeito está presente, de forma discreta, nas dificuldades próprias da atividade relatada – por exemplo, na prática de retirar os bagos e recolhê-los um a um ("cada bago do trigo") –, mas, em nenhum momento, isso impede ou retarda o progresso narrativo em curso.

De acordo com as noções semióticas reservadas ao plano superficial do texto, os dois versos iniciais das primeiras estrofes constituem, então, programas narrativos auxiliares (ou PNs de *uso*) que reúnem as condições para a execução dos programas principais (ou PNs de *base*), representados aqui pelas transformações de estado: "Forjar no trigo o milagre do pão" e "Roubar da cana a doçura do mel". Ou seja, de um estado inicial em que o sujeito do fazer ainda não possui o objeto (S∪O) passa-se agora ao estado de conjunção com o mesmo (S∩O).

Entretanto, a transformação só se processa de forma realmente brusca na última etapa da ação narrativa. A distância – espacial e temporal – que separa o sujeito do objeto começa a diminuir a partir do primeiro PN auxiliar que instaura a espera do produto final. O contato com a matéria prima a ser manipulada pelo sujeito já estabelece um liame incipiente com o objeto que, no mínimo, desfaz o estado original de completa disjunção entre os actantes. Nos termos da sintaxe sumária descrita em nível profundo pelo quadrado semiótico, desde os versos que dão início às duas primeiras estrofes já deixamos o *topos* referente à disjunção e passamos para a fase intermediária de não-disjunção com o objeto:

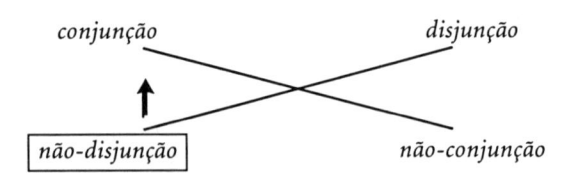

conjunção   *disjunção*

↑

| não-disjunção | *não-conjunção*

De fato, os indícios da matéria e da fatura do produto desejado estreitam os laços entre sujeito e objeto e reforçam a esperança do êxito narrativo. Só a partir da transformação, porém, podemos falar em conjunção final dos actantes.

O quadro narrativo completa-se com a manifestação da recompensa que supõe uma atividade de julgamento e um veredicto positivo. Os versos "E se fartar de pão" e "Se lambuzar de mel" não deixam dúvidas quanto a esse ponto. A sanção propriamente dita, bem como seus agentes principais (destinador-julgador e sujeito-destinatário), permanecem implícitos mais uma vez, demonstrando ser esse um traço estilístico próprio desta letra altamente sintética, mas a idéia de que o prêmio pelo trabalho concluído é justamente o aproveitamento ilimitado de suas conquistas surge de forma inequívoca como se ressaltasse um modelo de equilíbrio narrativo. Todo julgamento tem um sentido de reforçar os valores e a orientação axiológica da comunidade na qual é praticado.

Na terceira estrofe, as funções narrativas organizam-se diferentemente. Antes da ação propriamente dita, é a interação passional e modal que toma conta da cena. Os verbos iniciais, "Afagar a terra" e "Conhecer os desejos da terra", são portadores de conteúdos persuasivos e cognitivos que revelam uma busca de sintonia no nível da competência dos sujeitos implicados, como se disso dependesse o êxito pragmático do percurso narrativo. Nesses termos, em vez de um progresso no campo do *fazer*, como ocorre nas estrofes anteriores, a letra apresenta aqui uma evolução no domínio do *ser*, a começar da humanização discursiva da noção de "terra".

A alusão precoce ao nível discursivo justifica-se pelo sincretismo atorial contido nessa palavra: "terra" é sujeito por possuir desejos mas é, ao mesmo tempo, objeto da fecundação. A criação de um parassinônimo para a condição de objeto ("chão") facilita um pouco o nosso trabalho, mas, de todo modo, o sincretismo não pára aí.

Desde o primeiro verso, "Afagar a terra", já se manifesta a ambigüidade actancial. A denotação do arado que prepara o solo para a plantação mantém viva, num plano de fundo, a função objetal de "terra". Entretanto, a conotação afetiva e sensual do verbo "afagar" apresenta, de imediato, a questão merleaupontiana: quem toca quem? Quem estimula quem? A carícia é sempre duplamente orientada, de maneira que os actantes implicados tornam-se, simultaneamente, sujeito e objeto do ato. Quando examinado em seu contexto estrófico, o termo "terra" compromete-se mais amplamente com os valores subjetais pois passa a ter competência volitiva ("os desejos da terra") e até mesmo uma apetência sexual ("cio da terra"). Do mesmo modo, o sujeito – não determinado mas funcionalmente presente – de "afagar" e de "conhecer", ao exibir sua competência afetiva e cognitiva, consolida uma relação entre sujeitos paralela à relação objetal já comentada.

Ora, isso acrescenta algo importante no quadro de interação actancial em exame. O que está em jogo não é apenas uma questão juntiva (conjunção ou disjunção entre sujeito e objeto) mas também uma questão fiduciária (relação de confiança entre dois sujeitos). O principal desejo do sujeito dos verbos "afagar", "conhecer" e "fecundar" é fazer da "terra" um outro sujeito. Para tanto, além de estimular e procurar conhecer o *querer* que está na base da definição desse actante, ele lança mão da maior qualidade modal de que dispõe em sua competência: o *poder esperar*, cuja figura implícita é a *paciência*. Dessa faculdade de controle do tempo (de espera da "propícia estação") depende o êxito da ação programada.

A busca de acordo e entrosamento é um sintoma característico da relação entre destinador e destinatário. Desse ponto de vista, "Afagar a terra" é a transmissão de um dom afetivo e, como tal, configura um caso de comunicação participativa: quem transmite o afeto não o perde, apenas estende o seu campo de manifestação ao âmbito do destinatário. Cria-se, portanto, uma cumplicidade emocional, uma relação de confiança, que facilita o trânsito das modalidades entre os actantes. "Conhecer os desejos da terra" significa desenvolver um *saber* sobre o *querer* do outro sujeito. Se, num primeiro momento, "Afagar a terra" pode parecer *sedução* (*fazer* o destinatário *querer*), ou qualquer outro tipo de *persuasão*, num segundo tempo, é o primeiro sujeito que parece agir sob a égide do desejo do segundo (a "terra"), exatamente como se comporta o destinatário diante do destinador: aquele cumpre os anseios e os desígnios deste.

Portanto, a reciprocidade verificada entre sujeito e objeto repete-se na relação destinador/destinatário, de tal modo que o sincretismo atorial que antecede a atividade pragmática final ("E fecundar o chão") é bem mais amplo do que já havíamos considerado e atinge tanto o sujeito implícito como a figura "terra" com pelo menos quatro funções actanciais: sujeito, objeto, destinador e destinatário.

Se a ordem das estrofes obedecesse à diacronia – apenas didática – sugerida pelas fases do percurso narrativo canônico, o processo geral teria início nesta última quadra com as interações persuasivas entre destinador e destinatário e, em seguida, com a realização da ação central do texto – a "fecundação" – pelos mesmos atores, incorporando as funções de sujeito e objeto. As duas primeiras estrofes viriam depois, trazendo os programas narrativos decorrentes da plantação, as transformações de estado e as duas respectivas etapas de sanção. A ordem estabelecida pelos compositores, porém, tem o sentido de salientar o caráter cíclico das estações agrícolas que, assim sendo, pode ser reproduzido a partir de qualquer ponto.

Nível Tensivo

O emprego do infinitivo, ressaltando o processo em si, independente das demarcações enunciativas de pessoa, tempo e espaço, numa seqüência semanticamente lógica, proporciona indícios seguros sobre as escolhas fundamentais deste texto: de um lado, o sujeito tensivo adota as *segmentações* (valores responsáveis pela duração) e, de outro, a *direção* que atribui aos primeiros valores o seu desenrolar progressivo. Tais escolhas, em última instância, são elaboradas por um sujeito enunciador que imprime uma intencionalidade em todas as etapas gerativas do sentido. Mas tudo isso precisa ser bem esclarecido.

As segmentações constituem escalas aspectuais de ordem abstrata que privilegiam as durações em detrimento dos pontos polares de início e de finalização. Opõem-se, nesse sentido, às *demarcações* responsáveis pelas extremidades[2]. Os processos representados pela forma infinitiva dos verbos, sobretudo nos dois versos iniciais das primeiras estrofes ("Debulhar...", "Recolher..." / "Decepar...", "Recolher..."), recobrem programas narrativos no nível gerativo intermediário e perfazem, no plano profundo, as segmentações, ou seja, as continuidades pressupostas por esses processos figurativos. O aspecto gradativo das segmentações não explica, porém, a força progressiva que dá um sentido de evolução à seqüência em exame.

Ocorre que as segmentações vêm sempre dotadas de valores *fóricos* que lhes impõem uma dinâmica tensiva: se prevalecerem as retomadas do fluxo sobre os elementos impeditivos temos a hegemonia da *euforia*; caso contrário, o que temos é a *disforia*. A

---

2. Cf. C. Zilberberg, *Raison...*, pp. 111-112.

foria como categoria complexa, prevê necessariamente a articulação de seus dois termos, mesmo que seja notória a prevalência de um sobre o outro. No quadro da letra descrita, nada parece obstruir as etapas contínuas que desembocam no estado final de conjunção com o objeto (aliás, conjunção é mais um caso de continuidade). Ou seja, a escolha da transitividade ininterrupta – que dá origem ao processo cíclico no plano narrativo – revela um compromisso do enunciador com a expansão. Entretanto, esses mesmos traços eufóricos, que estarão agregados, no nível modal-narrativo, ao *querer* e ao *dever*, mobilizando o *fazer* do sujeito, definem-se por oposição a uma axiologia em que prevaleceriam os valores de limite, de demarcação e de finalização, em outras palavras, os valores rejeitados pela letra em consideração.

Um conteúdo como este, firmado sobre durações cujos ciclos devem ser respeitados, não suporta valores comprometidos com a celeridade. Isso significa que o bom desenvolvimento do processo descrito depende, a cada passo, da anulação dos fatores de pressa. Ao selecionar os valores gradativos, o enunciador deixa claro que sua expansão não pode ser feita aos saltos. Estes pertenceriam a um horizonte disfórico – próprio de outra axiologia – cuidadosamente afastado das trajetórias percorridas pelo texto.

Em resumo, os sinais intersubjetivos da *paciência*, figura passional decisiva que emerge da última estrofe, pressupõe, no nível modal-narrativo, um sujeito que possui como competência o *poder-esperar*. Da mesma forma, a constituição de um sujeito com essas características pressupõe, no nível tensivo, a adoção de valores contínuos cujo investimento eufórico define-se pela gradação e, por conseguinte, pela *desaceleração* do processo. Aliás, diga-se de passagem, é dessa escolha básica no nível tensivo que provêm, não apenas os elementos lingüísticos examinados aqui, mas também as realizações melódicas que provocam no ouvinte desta canção um efeito de rito pausado.

Nível Discursivo

Os diferentes verbos no infinitivo são realizações discursivas da função de predicado narrativo exercida pela noção de *fazer*. "Debulhar", "Recolher", "Forjar", "Decepar" etc. produzem um efeito de ação contínua e progressiva que tem como elemento semântico comum o *tema* do trabalho. Trata-se de um processo de *tematização* concentrado nas funções predicativas mas que, nem por isso, deixa de atribuir o *papel temático* de trabalhador ao sujeito camuflado pela forma infinitiva do verbo. E na confluência do papel actancial (aquele que faz) e do papel temático (aquele que trabalha) surge, no discurso, a figura do *ator*.

Ao mesmo tempo que o fazer narrativo converte-se em trabalho, os objetos parciais, surgidos ao longo da letra, vão se configurando como produtos agrícolas. Os lexemas "trigo" e "cana", disseminados na primeira e na segunda estrofe respectivamente (três ocorrências de cada), a despeito de suas especificidades semânticas, são portadores de traços comuns que contribuem para criar um contexto sêmico largamente explorado nos versos subseqüentes. Em termos pouco mais técnicos, instaura-se o *classema* /agro/[3], base para a formulação de isotopias figurativas superpostas ao tema do trabalho. A escolha da categoria /agro/ deve-se, em primeiro lugar, a sua ancoragem espacial: reporta-

---

3. Preservamos o termo *classema* da semântica estrutural para designar categorias abstratas que sirvam de base isotópica para as iterações sêmicas do texto tanto no plano temático como no plano figurativo. Evidente que a escolha do metatermo /agro/ pressupõe a virtualização de seu termo contrário /urbe/, cujo emprego, neste caso, não teria função operatória.

nos ao mundo rural com suas atividades fundadas na "terra". Em segundo lugar, seu grau de generalidade permite-nos atualizá-la como /agrícola/, /agricultura/, /agrário/, a depender do contexto analisado.

As isotopias vêm sendo normalmente abordadas na semiótica como puras iterações sêmicas, inscritas no progresso sintagmático do texto. Nessas condições, não disporiam de sintaxe própria, apenas cobririam semanticamente a ordenação sintáxica oriunda da narrativa. Hoje já se sabe, porém, que mesmo sem os recursos típicos de uma gramática mais consistente, a descrição isotópica deve prever uma relação de força entre os lexemas, uma espécie de recção semântica, que faz com que os classemas provenientes dos lexemas mais influentes no contexto discursivo sobreponham-se aos demais, gerando critérios de seleção sêmica[4].

No caso em exame, o classema geral /agro/ configura-se primeiramente como /agricultura/. A própria repetição dos lexemas "trigo" e "cana", ambos portadores deste último classema, impõe uma determinação semântica que restringe consideravelmente o campo de atuação dos predicados verbais. À exceção de "Debulhar", cujo núcleo sêmico ("extrair os grãos") satura-se plenamente ao selecionar de "trigo" o *semema* /grão/[5], o que já o insere na isotopia agrícola, os demais verbos ("Recolher", "Forjar", "Decepar" e "Roubar"), que, em princípio, nada teriam a ver com agricultura, encontram-se inteiramente regulados pela força dos lexemas mencionados[6]. "Forjar", por exemplo, sob a in-

---

4. Cf. entrada proposta por Per Aage Brandt, em A. J. Greimas & J. Courtés, *Sémiotique. Dictionnaire raisonné de la théorie du langage* II, p. 127.
5. Evidente que além de /grão/ o lexema trigo ainda apresenta o semema /planta/ que reforça ainda mais sua inserção no classema /agro/ (relativo à terra).
6. Brandt chega a dizer que, neste caso, os lexemas menos influentes "limitam-se a atualizar apenas os seus semas nucleares" (*idem*).

fluência do lexema "trigo", empresta ao contexto agrícola um de seus traços semânticos, a noção de /fabricação/, e põe em segundo plano tanto seu sentido mais próprio associado à metalurgia como seu sentido figurado (inventar, maquinar). Esses sentidos relegados, no entanto, não desaparecem do campo semântico do verbo, fazendo ressoar outros possíveis contextos. Decorre disso o seu efeito poético.

O surgimento literal do lexema "terra" na última estrofe, reforçado por sua dupla reiteração, a exemplo dos dois lexemas fortes das primeiras quadras, consolida de vez a isotopia agrária com toda a *consistência*[7] necessária à produção do efeito de realidade. Mas não pára aí. O verso "Afagar a terra" produz um jogo de forças entre os dois lexemas de tal sorte que o classema /agro/, mesmo mantendo sua área de influência, começa a dividir a hegemonia com uma isotopia nascente que tem por base o classema /humano/. Examinado à luz das estrofes anteriores, a força semêmica do lexema "terra" prevalece sobre o conteúdo do verbo. Nesse caso, o classema /agro/ extrai de "Afagar" o seu traço tátil e o transporta para o campo da lavoura: aquilo que seria uma carícia afetuosa praticada pelo roçar físico no universo humano converte-se no toque do arado sobre a terra. A própria afeição contida no lexema "afagar" traduz-se em cuidados especiais com a terra.

Entretanto, examinado em relação ao texto que segue, o verso em pauta vê aumentar significativamente o peso semântico do lexema "Afagar". Em interação com as expressões "desejo da terra", "Cio da terra" e "fecundar o chão", o verbo "Afagar" conecta-se definitivamente na categoria /humano/, alojando-se mais pre-

---

7. Cf. conceito introduzido por F. Rastier em A. J. Greimas et J. Courtés, *Sémiotique II*, p. 90.

cisamente na subcategoria /sexualidade/. Como, apesar de tudo, a isotopia agrária permanece, o que temos é a sexualização da relação do homem com a terra e, no interior desse processo de figurativização, os preparativos à fecundação propriamente dita ganham realce especial porquanto investem a faculdade modal do *poder-esperar* (paciência).

Depois de plenamente instaurada na última estrofe, a isotopia da sexualidade realimenta o universo semêmico de expressões das primeiras quadras como "se fartar", "doçura" e, sobretudo, "lambuzar", espalhando-se assim por toda a canção.

Para concluir, não podemos deixar de assinalar a presença de mais uma isotopia temática, desta vez cobrindo a etapa narrativa da sanção. Já havíamos dito que os versos "E se fartar de pão" e "Se lambuzar de mel" apresentam a recompensa pela conquista dos respectivos objetos. O rito cíclico que termina com a recompensa, após o cumprimento da *missão*, perfaz e propaga o tema religioso por todos os setores da letra, o que contribui inclusive para imputar uma finalidade reprodutiva à leitura sexual. A figura por excelência que empresta seus sememas à constituição de mais essa isotopia é "o milagre do pão".

Asa Branca
Luiz Gonzaga e Humberto Teixeira

Quando olhei a terra ardendo
Qual fogueira de São João
Eu perguntei a Deus do Céu, ai
Por que tamanha judiação

Que braseiro que fornalha
Nenhum pé de plantação
Por falta d'água perdi meu gado
Morreu de sede meu alazão

Inté mesmo a asa branca
Bateu asas do sertão
Então eu disse, adeus Rosinha
Guarda contigo meu coração

Hoje longe muitas léguas
Nessa triste solidão
Espero a chuva cair de novo
Pra mim voltar pro meu sertão

Quando o verde dos teus olhos
Se espalhar na plantação
Eu te asseguro não chore não, viu
Que eu voltarei, viu, meu coração

Esta letra tem como constância a intensidade do estado passional vivido pelo sujeito enunciador. O sentimento de falta perpassa todas as estrofes, deixando-se manifestar em diferentes formas de disjunção.

Tudo ocorre como se o sujeito, nas primeiras quadras, observasse o resultado da atuação implacável de um anti-sujeito que teria invadido seu território, devastado seus bens e retirado sua condição de vida. Nas últimas estrofes, depois de alguma transformação, esse sujeito manifesta as emoções de um exilado que só recobrará a paz se voltar à terra de origem. No trecho central, a passagem de um estado a outro.

Caracterização Sêmio-narrativa

Recorremos, mais uma vez, aos universais de conteúdo – largamente empregados pela análise semiótica dos anos 1970 –, ou seja, ao semantismo elementar analisável pelas categorias *vida* /vs./ *morte* no plano individual e *natureza* /vs./ *cultura* no plano coletivo, uma vez que esta letra confirma a convicção, hoje discutível, de que essas categorias estariam presentes, com maior ou menor grau de nitidez nas estruturas fundamentais dos textos em geral. No caso em exame, a despedida do sujeito "eu" (verso 11) corresponde, no plano dessas estruturas elementares temáticas, à negação do termo *morte* em nome da preservação do elemento *vida*. Ao mesmo tempo, tudo depende dos desígnios da *natureza* que ora instrui as atuações do anti-sujeito *produzindo* o antiobjeto (a devastação), ora alimenta a função de objeto com seu poder de atração (a volta da fecundidade) sobre o sujeito ("Que eu voltarei, viu..."). O termo *cultura*, que completa a categorização, fica até certo ponto subentendido toda vez que se nega a natureza, representada aqui pela figura do "sertão", e se confirma a existência de outro lugar ("longe, muitas léguas"), um não-sertão, que acolhe temporariamente o sujeito até que as condições sejam favoráveis ao seu regresso. Entretanto, pouco definido no interior do texto, esse termo não exibe pertinência suficiente para um emprego descritivo.

Ao lado dessas articulações semânticas com vocação universal, Greimas, para assinalar o indício da presença do ser vivo desde os estágios mais abstratos do modelo, concebe também, como já mencionamos, a categoria fórica, articulada em euforia e disforia, que atribui aos mencionados termos universais uma dimensão valorativa. Assim, não se trata apenas de considerar as acepções possíveis do termo "morte" por exemplo, mas sim de compreender o seu teor fórico no texto em pauta: morte + disforia. Operando com a foria, o semioticista, além de introduzir as categorias semânticas no interior de uma axiologia, seu objetivo explícito na primeira fase do trabalho, acabou deixando boa margem para a inclusão do mundo *sensível* numa teoria que, até então, só havia dado espaço aos esquemas *inteligíveis*. Hoje, a semiótica já define a foria como um princípio sintáxico que regula o contato tensivo do homem com o mundo e com os seus semelhantes, e retira daí importantes parâmetros de análise que vão desde as noções de *andamento* (vivo/lento) e *duração* (breve/longa) até o conceito de *ritmo* (tônico/átono)[1].

1. Cf. J. Fontanille & G. Zilberberg, *Tensão e Significação*, pp. 135, 283-284.

Para nossos fins, neste trabalho, limitamo-nos a chamar a atenção para o fato de que esses últimos conceitos permitem uma conversão sintáxica bem mais isenta das conotações *a priori* que, queiramos ou não, já se manifestam nas categorias semânticas temáticas, por mais universais que possam parecer. Nesse sentido, em vez de falarmos em *vida* e *morte*, preferimos nos servir diretamente da articulação *euforia* e *disforia*, tentando compreender a primeira como tendência à noção de continuidade e a segunda como suspensão da mesma tendência.

Pela tendência à continuidade, a *euforia* reforça os valores do *termo complexo* – já definido em análises anteriores – FORIA, cuja origem grega, *phorós*, reporta-nos à noção de "levar adiante", "transportar" ou mesmo "conduzir favoravelmente". Em nosso contexto semiótico, é considerado eufórico, em princípio, tudo que leva à junção com os valores desejados e, portanto, à neutralização das tensões. Nesse sentido, a noção de fluxo fórico perfaz, em nível profundo, a proto-relação sujeito/objeto na medida em que não houver solução de continuidade entre eles.

No caso de *Asa Branca*, o que temos é justamente o inverso dessa situação. Prevalece a disforia, que nada mais é do que um protótipo da descontinuidade, ou seja, o termo que instaura, no interior da foria, um inarredável compromisso com o universo tensivo. Podemos dizer então que, no nível profundo, o enunciador dessa letra seleciona valores disfóricos que, por sua vez, instruem noções como as de ruptura, separação, parada, distanciamento e, em última instância, fundamentam todo o aspecto passional desfavorável dos níveis narrativo e discursivo.

De fato, embora o sujeito se encontre arraigado à própria terra nas estrofes iniciais, já não conta mais com seus dons positivos: tudo está devastado pela atuação de um anti-sujeito que subtrai a força produtiva do local. Só resta ao sujeito consultar seu destinador ("Eu perguntei a Deus do céu, ai"), na esperança de descobrir a razão de tanta desolação. Além da condição improdutiva da terra, que já instaura uma carência básica no plano do sujeito, o detalhamento das perdas em versos como "Nem um pé de plantação / Por falta d'água perdi meu gado / Morreu de sede meu alazão" completa um quadro disjuntivo que, por si só, justificaria uma reação, uma decisão ou, ao contrário, uma capitulação definitiva do sujeito.

Além de apartar o sujeito de seus bens concretos, a seleção primeira dos valores disfóricos afeta também a competência modal desse actante. Ele não tem *poder* para enfrentar uma força da qual sequer conhece (*saber*) a origem. A consulta ao destinador, função geralmente comprometida com os dados cognitivos, fica sem resposta. Só lhe resta a preservação do próprio ser, mesmo que em estado totalmente dilacerado: entenda-se por isso a fragmentação do sujeito e a inviabilidade de sua reconstrução como ser uno (em conjunção com parte significativa de seus valores modais e descritivos). A situação até esse momento é um pouco mais drástica que as de praxe. A quebra do equilíbrio comunitário ou individual das narrativas decorre sempre de processos de privação que provocam no sujeito o sentimento de falta. Entretanto, a ausência do objeto (descritivo ou modal) é temporariamente compensada pelas direções narrativas que conduzem à sua reconquista. Por isso podemos dizer que o sujeito perde o equilíbrio que dá harmonia à sua vida mas, em contrapartida, recobra as direções que dão sentido à existência do ser humano.

No caso de *Asa Branca*, nem mesmo as direções são facultadas ao sujeito. Sem destinador (a função que zela pelas direções ou relações à distância com o objeto), ou pelo menos sem destinador ativo, e sem as modalidades *atualizantes* (*poder* e *saber*)[2], que poderiam levá-lo à ação, só resta ao sujeito retirar-se da área afetada até que cessem os efeitos da força antagonista. Em outras palavras, a seleção dos valores disfóricos, que produziram as perdas e disjunções progressivas descritas nas primeiras estrofes, atinge seu auge quando o próprio sujeito sente-se obrigado a afastar-se do objeto ("...adeus Rosinha"), distanciando-se dele significativamente ("hoje longe muitas léguas"), e a mergulhar no isolamento ("nessa triste solidão").

Atingir o ponto extremo da categoria complexa constitui, por si só, uma ameaça à própria noção de complexidade que prevê necessariamente a participação equilibrada de seus dois termos polares: se o pêndulo da foria acha-se retido no pólo da disforia, cresce a urgência de tratamento dos valores eufóricos que, por princípio, não podem ser excluídos do modelo. As mesmas considerações teóricas podem ser tecidas para o plano narrativo: a categoria da junção requer o movimento de vaivém dos termos disjunção/conjunção. O excesso de disjunções, como no exemplo analisado, satura uma das tendências juntivas de tal modo que, ato contínuo, tal excesso é negado em favor de compensações conjuntivas.

Ora, já no último verso da terceira estrofe temos o primeiro indício de reversão do quadro disfórico e disjuntivo: "Guarda contigo meu coração". O sujeito retira-se mas deixa uma parte de si, o que contribui para realizar plenamente a junção: disjunção e conjunção ao mesmo tempo. Por outro lado, ao deixar parte

---

2. Greimas propõe uma pequena tipologia para as modalidades segundo o seu modo de existência: modalidades *virtualizantes* (*querer* e *dever*), modalidades *atualizantes* (*saber* e *poder*) e modalidades *realizantes* (fazer e ser). Cf. A. J. Greimas & J. Courtés, *Dicionário de Semiótica*, p. 283.

de si, estabelece uma direção narrativa que até então não se manifestara no texto: o sujeito voltará um dia, em busca do que deixou. O uso metonímico de "coração", órgão responsável pelo *setor* afetivo do corpo, tem função precisa neste caso. Definindo-se sempre pelo objeto, o sujeito só poderá recuperar sua identidade completa ao conjuntar-se novamente com aquilo que lhe falta (o objeto), a saber os laços emocionais que permaneceram na terra de origem com sua companheira.

A direção narrativa mencionada acima corresponde ao conceito de *espera*: antes de entrar em conjunção com o objeto, o sujeito alia-se ao tempo que leva ao objeto. Em termos modais, o sujeito já possui o *querer-ser*. Na perspectiva do plano profundo, a espera representa a adoção de valores eufóricos ao lado do predomínio disfórico. Realmente, a partir da quarta estrofe, na qual surge literalmente o conceito em exame ("Espero a chuva cair de novo / Pra mim voltar pro meu sertão"), os traços da continuidade e da extensão roubam a cena, quer pela negação da disforia ("Não chore não, viu"), quer pelo compromisso explícito com a expansão eufórica ("Quando o verde dos teus olhos / Se *espalhar* na plantação" e "Que eu *voltarei*, viu"), sem contar a formação de um elo contínuo entre destinador e destinatário que, pela primeira vez, se configura entre os atores "eu" e "Rosinha": "Eu te *asseguro* não chore não, viu"[3].

O quadro tensivo e narrativo descrito até o momento serve de esqueleto – cujas articulações constituem os elos sintáxicos fundamentais – para as considerações discursivas que ora passamos a introduzir. Comecemos pela distribuição dos agentes enunciativos.

---

3. Grifos nossos.

Caracterização Discursiva

A debreagem enunciativa impera na medida em que os enunciados têm como referência a primeira pessoa num tempo presente e num espaço *aqui* que se define por oposição ao *lá*, correspondente ao "sertão". Tais dispositivos aparecem concentrados no entrecho:

Hoje longe muitas léguas
Nessa triste solidão
Espero a chuva cair de novo
Pra mim voltar pro meu sertão

Trata-se, portanto, de um enunciado-discurso que compõe um simulacro da enunciação, visto que esta jamais se manifesta como tal. A reprodução das condições do ato de enunciação no interior do discurso terá sempre um valor de metáfora em relação à enunciação de fato (que, por sua vez, será sempre pressuposta)[4].

Toda a programação temporal do texto pauta-se por esse momento transcrito acima. Os verbos no pretérito perfeito das estrofes iniciais indicam fases de anterioridade que encaminham a narrativa ao estado presente: "Quando olhei...", "Eu perguntei...", "Então eu disse..." etc.[5] Esse movimento em direção ao su-

---

4. Cf. A. J. Greimas, "L'énonciation" em *Significação: Revista Brasileira de Semiótica*, n. 1, 1974, p. 15.
5. Émile Benveniste é quem melhor esclarece a função do pretérito perfeito na primeira pessoa, com valor autobiográfico: "O perfeito estabelece um laço vivo entre o acontecimento passado e o presente no qual a sua evocação se dá. É o tempo daquele que relata os fatos como testemunha, como participante; é, pois, também o tempo que escolherá todo aquele que quiser fazer repercutir até nós o acontecimento referido e ligá-lo ao nosso presente" (*Problemas de Lingüística Geral*, São Paulo, Companhia Editora Nacional e Edusp, 1976, p. 270).

jeito enunciativo corresponde, por si só, a um processo de intensificação subjetiva, ou seja, a ressonância da devastação da terra no interior do sujeito torna-se mais pungente quanto mais próximo se revela o presente enunciativo. Mas o auge da evolução disfórica ocorre um pouco antes da convergência enunciativa dos itens pessoa, tempo e espaço. O "adeus", que sela de vez a disjunção narrativa, retrata a última etapa do passado descrito. Ao atingirmos o presente na estrofe acima transcrita, a demarcação aspectual já se configura como um projeto incoativo que reintegra a espera no nível narrativo, o desejo (*querer*) no nível modal e a continuidade (*euforia*) no nível tensivo: "Espero a chuva cair de novo / Pra mim voltar pro meu sertão".

O retorno à enunciação promovido pelo elemento "Hoje", além de delimitar a fronteira entre passado e futuro, separa duas importantes construções isotópicas da letra: a *esterilidade* e a *fecundidade*. Vejamos como ambas se formam.

A primeira iteração sêmica emerge do alinhavo dos lexemas "ardendo", "fogueira", "braseiro" e "fornalha". Todos se inserem num ambiente rural – agrário – e se reportam a um material incandescente ou mesmo em chamas que serve para caracterizar hiperbolicamente a figura de um *calor* intenso. A esta se agrega a configuração da *estiagem* (ou da seca) que provém das expressões "falta d'água" e "sede". Ambas compõem o cenário para a constituição da isotopia principal, traduzida pela noção de *esterilidade*, que tem como termos manifestantes "Nenhum pé de plantação", "perdi meu gado" e "morreu... meu alazão". Como já dissemos anteriormente, a isotopia prevê uma certa recção semântica que estabelece relações de força entre os elementos atualizados. No caso em consideração, as subisotopias do *calor* e da *estiagem* convergem para a isotopia da *esterilidade*, na medida em que apenas esta preenche as condições de oposição com o termo *fecundidade*, resultante semêmica, nas etapas finais da letra, da combinação dos lexemas "chuva", "verde" e "plantação".

Em outras palavras, o semema *fecundidade*, que se traduz em valor desejado no nível narrativo, seleciona o semema *esterilidade* do conjunto de isotopias formadas na seção inicial da letra e lhe atribui um grau hierárquico mais elevado. Desse modo, podemos dizer que, no contexto em pauta, *calor* e *estiagem* pressupõem – ou *determinam*, na visão hjelmsleviana – a *esterilidade*, assim como *esterilidade* e *fecundidade* pressupõem a categoria da *produtividade*[6]. Todos esses elementos, ausentes do quadro lexical do texto, compõem a base sêmica subjacente que nos permite compreendê-lo.

Outra importante construção discursiva da letra se dá no auge da predominância dos valores disfóricos selecionados pelo sujeito da enunciação, quando, no nível narrativo, o anti-sujeito impõe-se ao sujeito privando-o de seu principal objeto (expulsando-o da terra). Esse desalojamento, descrito na perspectiva do enunciador desalojado, toma a conformação de uma retirada estratégica (até que as coisas melhorem), ou seja, de um fazer involutivo necessário à preparação de uma posterior investida certeira em direção ao objeto. Não se trata, portanto, de uma incapacidade para o fazer evolutivo mas, ao contrário, de uma exibição de competência no terreno das estratégias narrativas. O sujeito é dotado de *paciência*, uma figura coextensiva ao conceito de espera que manifesta uma das variações da noção de *poder ser* (poder permanecer neste estado sem precipitar os acon-

---

6. Pode-se dizer também que a *produtividade* assegura uma base classemática para a articulação dos conteúdos específicos de *esterilidade* (a escassez) e de *fecundidade* (a abundância).

tecimentos). Além disso, em oposição ao sujeito impaciente, o sujeito que abandona o sertão demonstra *saber esperar* pelo momento em que as condições se tornem favoráveis e, mais que isso, demonstra saber que há uma *sabedoria* especial neste *saber esperar*, o que lhe traz a certeza de um êxito final no cumprimento de seu programa de volta à terra.

Nesse sentido, um sujeito dotado de paciência é um sujeito que assume os papéis actanciais de sujeito do *poder* e do *saber* nos termos vistos acima, e essa competência define o papel temático do *retirante* como aquele que, além de realizar um recuo estratégico, *sabe* e *pode* esperar pelo momento oportuno de reaver seus objetos de valor. A esse investimento temático corresponde o tratamento figurativo implementado pela única debreagem enunciva do texto. De fato, o vôo da asa-branca, ave portadora do semema *migração*, tem o objetivo de descrever figurativamente a estratégia adotada pelo sujeito enunciativo. Não deixa de ser também um índice da devastação iminente que, mais uma vez, instrui a competência cognitiva do sujeito com a modalidade do *saber*.

Mas há pelo menos mais uma ordenação isotópica que não poderia ser desprezada. Ao fazer alusão a "Deus" nos primeiros versos, o enunciador abre uma possibilidade de leitura do texto em dimensão religiosa. Entramos, assim, num terreno intertextual, em que as marcas do calor intenso podem ser interpretadas como caracterização do inferno e do anti-sujeito-mor, o demônio, responsável pela devastação. Nesse sentido, as isotopias também podem ser formas de leitura autorizadas pelos entrelaçamentos semêmicos existentes no texto.

A sabedoria do retirante não é de todo auto-adquirida. Recorrer a Deus para suprir uma carência cognitiva (e até certo ponto fiduciária) equivale à procura de um destinador que possa prover o sujeito com a modalidade do *saber*. "Eu perguntei a Deus do céu, ai / Porque tamanha judiação". Ao mesmo tempo, tal invocação virtualiza a figura oposta do diabo, cuja atuação antagonista responde pelas principais tensões mobilizadas na letra. Na etapa final, tudo indica que a aliança com a instância transcendente foi enfim estabelecida, visto que o sujeito manifesta convicção de seu retorno no tempo devido e, mais do que isso, já revela sua nova condição de destinador de "Rosinha", aquele que pode exercer influência apaziguadora no universo passional da companheira.

Gota d'Água
Chico Buarque

Já lhe dei meu corpo
Minha alegria
Já estanquei meu sangue
Quando fervia
Olha a voz que me resta
Olha a veia que salta
Olha a gota que falta
Pro desfecho da festa
Por favor,
Deixa em paz meu coração
Que ele é um pote até aqui de mágoa
E qualquer desatenção
Faça não
Pode ser a gota d'água

 Como o enunciador (*eu*) deste texto dirige-se a alguém, que ocupa o lugar da segunda pessoa (*tu*), temos uma relação de comunicação envolvendo os actantes *destinador* e *destinatário*. As marcas de primeira pessoa e os verbos no imperativo não deixam dúvida da presença dessas funções. Ao mesmo tempo, entretanto, o conteúdo da letra não parece preencher as condições de integração que garantem o êxito da comunicação entre destinador e destinatário. Dentro de um modelo canônico, o primeiro actante deve estabelecer com o segundo, por meio de argumentações, persuasões ou manipulações, um contrato de acolhimento mútuo, fundado normalmente numa relação de confiança.

De fato, em algum nível, há uma súplica para que isso aconteça ("Por favor...", faça isso, não faça aquilo etc.), mas podemos depreender, sem grande esforço, que a situação presente apóia-se em antecedentes pouco favoráveis ao desenvolvimento desejado. Em outras palavras, se há um apelo – dramático – dirigido ao destinatário, visando à improvável integração, verifica-se que há também uma história de rupturas contratuais ameaçando a nova tentativa. O drama vivido está no fato de que os valores descontínuos – que conduzem à disjunção entre os actantes – tomam conta da cena e não dão espaço à continuidade típica da integração. E, sob o efeito da descontinuidade, a relação destinador/destinatário tende a transformar-se em relação *sujeito/anti-sujeito*. Nessa tendência, justamente, concentra-se toda a tensão do texto. Portanto, o seu sentido está na transição.

O enunciador apresenta-se, então, como destinador, não apenas no processo de comunicação de um objeto cognitivo – nesse caso, a *advertência* ou a *ameaça* – mas também na transferência de objetos como "corpo" e "alegria", que traz de volta o papel de *doador*, proposto originalmente por Vladimir Propp. Mais do que isso, porém, a personagem em primeira pessoa constitui um sincretismo de funções narrativas, no qual, ao lado do destinador, comparece o actante *sujeito passional*.

O sujeito passional, no exemplo em consideração, não age mas gostaria de *ser agido*, vale dizer gostaria de ser desejado por outro sujeito, até porque, no passado, e na condição de destinador, já cumprira a sua parte do contrato, doando ao destinatário seus principais atributos. Ora, como se trata de um contrato imaginário, envolvendo as posições actanciais *eu* e *tu*, mas concebido exclusivamente na instância do *eu*, dificilmente o seu teor será honrado pelo segundo sujeito, que nem sequer tem conhecimento do compromisso.

Entretanto, o sujeito passional pauta-se por esse simulacro de relacionamento intersubjetivo que ele próprio criou. A. J. Greimas, em célebre artigo sobre esse tema[1], caracterizou essa condição do sujeito como um estado de *espera fiduciária*, pois que esse actante alimenta uma crença nas obrigações imputadas, imaginariamente, ao segundo actante. O autor arrisca ainda uma formulação simbólica para dar conta desse momento subjetivo que envolve os dois sujeitos[2]:

$$S_1 \text{ crer } [S_2 \text{ dever} \Rightarrow (S_1 \cap O_v)]$$

Diríamos, em linguagem corrente, que o primeiro sujeito (S_1) espera que o segundo sujeito (S_2) cumpra sua parte no contrato (dever), ou seja, faça ($\Rightarrow$) com que S_1 entre em conjunção ($\cap$) com seu objeto de valor (O_v). O objeto de valor é aquilo que o sujeito mais deseja, incluindo, nesse caso, pelo menos hipoteticamente, o próprio S_2.

---

1. "De la colère", *Du sens II*, Paris, Seuil, 1983, pp. 225-246.
2. *Idem*, p. 230.

Embora se trate de contrato fictício, dele depende toda a confiança depositada em S_2. Caso este último não cumpra o seu *dever*, as conseqüências no âmbito de S_1 virão em cadeia:

1. frustração por não obter o objeto de valor almejado.
2. decepção por S_2 não ter feito o que se esperava que fizesse.
3. decepção consigo mesmo por ter depositado a confiança em alguém que não a merecia.
4. ofensa sofrida por S_1 pelo fato de S_2 ter feito justamente o que não se esperava que fizesse ("qualquer desatenção", por exemplo).

Em suma, a não realização do simulacro imaginado por S_1 representaria o desmoronamento da crença que sustenta o universo passional desse actante. Assim, não só a confiança nos outros mas também a autoconfiança sairiam profundamente abaladas, num episódio em que a auto-imagem depreciada fere a própria honra do sujeito em relação a seu grupo social.

Daí decorre a ameaça contida na advertência ("faça não") do enunciador. A quebra de confiança poderia provocar no sujeito passional, a essa altura em estado dilacerado, um grave sentimento de injustiça que, facilmente, se converteria em motivo para uma violenta reação. Sentir-se injustiçado, mesmo que num terreno exclusivamente subjetivo, corresponde sempre à sensação de um desequilíbrio no mundo passional, no sentido de que os prazeres e as dores não estão distribuídos de maneira equânime entre os membros da comunidade. Ao verificar que está sendo ostensivamente prejudicado na relação com um parceiro específico, só resta ao actante vitimado desenvolver uma narrativa que o recompense dos danos sofridos e reequilibre o seu universo passional. "Se um sujeito S_1 sofre, então sente necessidade de infligir a '*pena*', ou seja, a punição e a dor de uma só vez, ao sujeito S$_2$ para fazê-lo sofrer na mesma proporção"[3]. O que estamos chamando de ameaça pode se tornar, então, um projeto de vingança direcionado ao *tu*, que passa de destinatário a anti-sujeito.

Aspecto Tensivo

O estado passional descrito até aqui é comum a numerosas situações que culminam com a manifestação de "ódio", de "revolta", de "ciúme", de "vingança" etc. Também é comum aos episódios em que a explosão emocional é contida em favor de sentimentos como "amargura", "ressentimento", "resignação" etc. Para irmos mais a fundo na análise, precisamos compreender o ritmo interno específico do conteúdo desta letra. Na base dos fenômenos de disjunção ou conjunção entre sujeito e objeto, de persuasão ou perda de confiança entre destinador e destinatário, das relações opositivas entre sujeito e anti-sujeito, residem as escolhas, efetuadas pelo enunciador do texto, dos valores *intensos* (responsáveis pelos *limites*, pelas *disjunções*, pelas *paradas*, pelas formas de *concentração*, enfim, pelas *descontinuidades*) ou *extensos* (responsáveis pelas *gradações*, pelas *conjunções*, pelas *aberturas*, pelas formas de *expansão*, enfim, pelas *continuidades*) e, sobretudo, do modo de entrosamento entre eles.

A aparente predominância dos valores intensos no início do texto não chega a camuflar a aposta do enunciador no vigor da extensidade menos evidente. De fato, a caracterização inicial do "eu" como o produto de sucessivas perdas – tratadas metonimicamente como doação do "corpo" e da "alegria", como contenção

---

[3]. *Idem*, p. 241.

(ou *parada*) da efervescência sangüínea ("Já estanquei meu sangue"), como declínio da capacidade vocal ("Olha a voz que me resta") – traz à tona os valores descontínuos, mas instaura, ao mesmo tempo, um movimento progressivo que acusa a repercussão direta das carências no aumento da tensão emocional. Daí o interesse da metáfora do líquido que vai preenchendo gradativamente o seu recipiente ("pote") até que uma só gota seja suficiente para produzir o transbordamento. A evolução do estado passional é contínua mas não interminável. Quanto mais progride a tensão, mais vislumbra-se o seu limite. O estágio atual descrito ainda pertence ao curso gradativo mas está prestes a sofrer uma transformação brusca. Se a partir desta, estabelecêssemos, como hipótese, um programa narrativo de vingança, novamente estaríamos recuperando os valores contínuos.

Podemos observar que o sentido (ou a direção) das perdas iniciais está na constituição da evolução emocional do enunciador, assim como o sentido dessa evolução está na iminência de sua própria ruptura catastrófica. Tal "transbordamento", por fim, já deixa entrever, como novo sentido, uma retomada da evolução por meio de um desagravo qualquer. Esse é o ritmo que alterna valores intensos (descontínuos) e valores extensos (contínuos), justamente por definir a presença dos primeiros pela falta dos últimos – e vice-versa. Trata-se, talvez, de uma verdadeira vertigem dialética, mas somente nesse quadro podemos abordar a transição.

Se pensarmos em termos sonoros, podemos reconhecer os mesmos valores básicos regulando a alternância dos acentos (de natureza intensa) e das modulações (de natureza extensa). Os acentos dão sentido à inflexão melódica mas, ao mesmo tempo, decorrem de sua evolução. Nossa entonação lingüística materializa, a todo instante, a interdependência desses dois componentes em seu encaminhamento natural do dia-a-dia. O lingüista dinamarquês Louis Hjelmslev já havia sugerido, no final dos anos 1930, que os dois planos da linguagem, referentes à expressão (ou significante) e ao conteúdo (ou significado), deveriam ser analisados pela mesma metalinguagem descritiva[4].

Voltando ao plano do conteúdo, a necessidade de reequilíbrio das paixões surge reforçada quando verificamos que as sucessivas perdas que atingem o enunciador levam-no ao estado de insuficiência ("Olha a voz que me resta"), enquanto as alusões à instância do *tu* dão a entender que ali tudo conduz ao excesso (concentrado no sentido de "festa" que se opõe ao sofrimento do "eu") e que o destino natural deste é a ultrapassagem dos limites. A advertência incide exatamente sobre a revelação do mal ocasionado diretamente pelo excesso: a mágoa. A duração da "festa" é proporcional ao preenchimento do "pote" de mágoa e, de algum modo, os dois elementos mantêm uma complementaridade: o "desfecho da festa" é o ponto final de um estado de coisas enquanto o transbordamento do pote é o ponto inicial de uma nova situação.

Como se vê, os conceitos tensivos – decorrentes da intensidade e da extensidade –, que incidem preferencialmente sobre as imagens figurativas ou metafóricas dos textos (como a imagem do pote de mágoa, por exemplo), mostram-se mais apropriados à análise da transição do que os recursos meramente narrativos vistos anteriormente. Estes exibem maior eficácia quando aplicados a etapas já definidas de ação, de comunica-

---

4. Cf. L. Hjelmslev, "La syllabe en tant qu'unité structurale", *Nouveaux essais*, Paris, PUF, 1985, pp. 165-171.

ção, de julgamento ou de estado emocional. O conteúdo desta letra não se restringe à apresentação de um estado passional, uma vez que esse estado já constitui, em si, um movimento, um *ir para*. Mais do que isso, esse estado é uma tentativa de contenção de um *ir para*. Já traz, em seu interior, a continuidade e a descontinuidade.

Andamento Temporal

A esta altura, precisamos compreender melhor o apelo "Deixa em paz meu coração".

O que aflige o enunciador é a iminência de uma mudança brusca, uma solução de continuidade indesejada na medida em que não se pode calcular as conseqüências desse salto. A perda do movimento gradativo compromete a capacidade de previsão e abre espaço para a surpresa e o inesperado. A fratura contida nesses conceitos corresponde ao estado de apreensão do sujeito que vê cindir sua identidade: de um lado, o ser (sob controle) da espera, anterior à ruptura e, de outro, o ser (fora de controle) do inesperado, posterior à ruptura. Por isso, para evitar a fratura da identidade, o enunciador demonstra preferir alongar o seu estado passional a ultrapassar o limite do desconhecido.

Ora, a idéia de alongamento da duração de uma circunstância em contraste com a iminência de sua ruptura transporta-nos ao domínio do andamento temporal, ou seja, à oposição entre desaceleração e aceleração respectivamente. Na realidade, as escolhas dos valores tensivos são sobredeterminadas pelas variações de velocidade. Ao pedir "paz" o enunciador está, em profundidade, clamando pela desaceleração de um processo que tem por limite a celeridade, a transformação repentina. A desaceleração faz a duração durar, de modo a dar tempo ao tempo[5]. Por mais desconfortável que esteja a situação do sujeito, se este puder graduar seu tempo de acordo com certa programação, estabelecendo uma ordem de espera, é provável que obtenha as condições mínimas de segurança para conduzir seus passos seguintes.

A velocidade, ao contrário, é um mecanismo complexo que prevê, sintaxicamente, uma dupla negação: a *parada* de uma evolução anterior (manifestada, neste texto, pela palavra "desfecho") e a *parada da parada*, suspensão do limite e entrada numa nova continuidade (manifestada pela expressão "gota d'água"). A velocidade está no intervalo ínfimo que separa a *parada* da *parada da parada*, esse meio-tempo, em que nada pôde ser programado. O que era, já acabou, e o que vem, já começou. Essa ausência de duração entre os dois *já* é a razão oculta da surpresa. Por isso, o sujeito surpreso tem como objeto emergente a restauração da duração suprimida (leia-se não vivida). Ele precisa compreender o que aconteceu nesse meio-tempo para se sentir o mesmo *ser*, presente nas duas situações.

Em *Gota d'água*, o compromisso do enunciador com os valores extensos, responsáveis, pelo alongamento de seu período passional, reflete o seu receio da velocidade, da interrupção brusca, que certamente ocasionaria uma fratura no próprio *ser* e deixaria o seu futuro ao sabor do imponderável.

---

5. Cf. C. Zilberberg, *Ensayos sobre Semiótica Tensiva*, p. 49.

Paciência
Lenine

Mesmo quando tudo pede
Um pouco mais de calma
Até quando o corpo pede
Um pouco mais de alma
A vida não pára

Enquanto o tempo acelera
E pede pressa
Eu me recuso, faço hora
Vou na valsa
A vida é tão rara

Enquanto todo mundo espera a cura do mal
E a loucura finge que isso tudo é normal
Eu finjo ter paciência
O mundo vai girando cada vez mais veloz
A gente espera do mundo, e o mundo espera de nós
Um pouco mais de paciência

SERÁ QUE É TEMPO QUE LHE FALTA PRA PERCEBER?
SERÁ QUE TEMOS ESSE TEMPO PRA PERDER?
E QUEM QUER SABER
A VIDA É TÃO RARA, TÃO RARA
MESMO QUANDO TUDO PEDE UM POUCO MAIS DE CALMA
MESMO QUANDO CORPO PEDE UM POUCO MAIS DE ALMA
EU SEI
A VIDA NÃO PÁRA

Já vimos utilizando o conceito de *paciência* nas três análises precedentes. Ao vê-lo tematizado nesta letra, concluímos que estamos diante de rara oportunidade para o detalhamento de suas nuances semióticas.

A noção de *paciência* está na base da posição narrativa do sujeito de estado. Dependente de um destinador que o *faz fazer* (ou *não fazer*), esse sujeito apenas espera a sua vez. Mas, ao contrário do sujeito "impaciente", o paciente *sabe* esperar e *pode*, em princípio, permanecer indefinidamente nessa condição. A canção de Lenine pressupõe a inclusão desses atributos modais – sintetizados como *saber esperar* e *poder ser* – na competência do sujeito paciente.

Mas o autor ainda explora, no nível discursivo, alguns valores de *temporalidade* e de *andamento*, associados à figura da "paciência", que se reportam nitidamente a categorias do nível tensivo. No que concerne à temporalidade mnésica (referente ao passado e ao futuro), o enunciador deixa transparecer sua predileção pelos valores extensos, aqueles que permitem a formação de durações e que requerem necessariamente um andamento desacelerado. O sujeito paciente espera o futuro em sua dimensão extensa, ou se quisermos, *adiada, retardada* etc. Do mesmo modo, esse sujeito rejeita o futuro em sua dimensão intensa, ou seja, como *iminência* decorrente de algum tipo de *apressamento* ou de antecipação.

Reproduzimos aqui, com algumas alterações lexicais, o quadrado semiótico proposto por J. Fontanille e C. Zilberberg[1] a partir das noções de *tempo ascendente* e *tempo descendente* de G. Guillaume, no qual os autores estabelecem a dêixis da paciência:

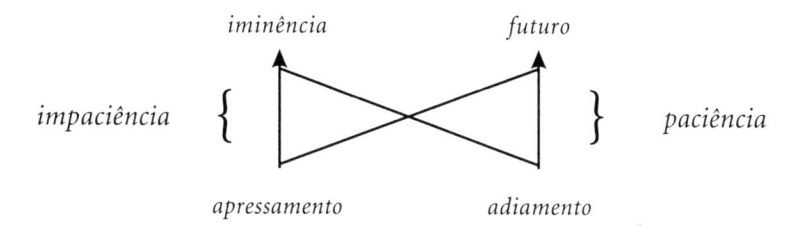

impaciência {
iminência   futuro

apressamento   adiamento
} *paciência*

A semiótica de hoje considera que qualquer momento da cadeia discursiva pode ser enfocado como um ponto tensivo em que colidem forças antagônicas representadas pelas categorias (ou *valências*) intensidade /vs/ extensidade. Ambas podem ser acentuadas com maior ou menor grau de tonicidade, de modo que as paixões humanas expressas nos textos inclinam-se ora para os aspectos sensíveis, ora para os aspectos inteligíveis; ora para as emoções que mobilizam o sujeito com *intensidade*, ora para as modalizações que instituem o sujeito narrativo (do *ser* ou do *fazer*) no eixo da *extensidade*. No caso da letra que estamos examinando, é notório o encaminhamento da intensidade para a extensidade, desde a convivência conflituosa das duas dimensões do *andamento*, aceleração e desaceleração, até a orientação selecio-

---

1. Cf. J. Fontanille & C. Zilberberg, p. 139.

nada pela instância enunciativa que rejeita sistematicamente a velocidade e tenta reconstruir a duração.

Esse quadro tensivo que prevê a transformação da instantaneidade emotiva em modalização do sentimento numa ordem denominada "paciência" – *saber esperar* e *poder ser* ou, ainda, como já disse Greimas, /*poder-querer-ser*/ (poder tomar posse de um estado durável de satisfação contido na própria espera[2]) – converte-se em programas narrativos antagônicos no nível actancial: o PN que tem por objeto a duração ou a extensidade ("tudo pede um pouco mais de calma") em oposição ao anti-PN que tem por objeto a pressa ou a intensidade ("o tempo acelera e pede pressa"). Sobre essa base, formam-se as figuras do nível discursivo, cujas interações sêmicas são especialmente estimuladas pelas elaborações rímicas do plano da expressão.

Primeiramente, "calma" e "alma" são termos associados pela sonoridade e pela posição sintáxica no texto. Essas características iniciais nos incitam a aprofundar o conhecimento sobre os valores tensivos implicados na referida associação. A própria definição de calma como *serenidade de ânimo* já aproxima os dois conceitos num plano paradigmático: alma e ânimo provêm da mesma base etimológica. Mas, sintagmaticamente, é o sentido de *serenidade* que se mostra relevante, na medida em que se opõe ao anti-objeto "pressa". Considerando que, por outro lado, "alma" surge como face oposta e complementar a "corpo" e que essa noção vem investida de traços de materialidade e, sobretudo, de efemeridade, é o princípio espiritual da *imortalidade*, parte integrante da definição de alma, que se atrela ao conceito de *serenidade*, parte da definição de calma, para reforçar a isotopia da duração.

---

2. Cf. A. J. Greimas, *Du sens II*, p. 232.

PACIÊNCIA

Nem sempre, entretanto, as coincidências sonoras produzidas pelas rimas (ou aliterações de todo tipo) representam identidades de conteúdo entre os termos em jogo. Muitas vezes a relação resultante é de oposição, de determinação, de pressuposição, enfim, de todo gênero de dependência. Na segunda estrofe, as figuras da "pressa" e da "valsa" estão em oposição frontal. Em contraste com "pressa", a expressão "Vou na valsa" significa, no contexto, apenas andamento *lento*. Trata-se de mais uma manifestação do duelo entre sujeito e anti-sujeito, desta feita com pleno engajamento do enunciador, pois que, a partir do terceiro verso, a debreagem enunciativa introduz de uma vez por todas a perspectiva da primeira pessoa ("Eu me recuso...").

Outro efeito rímico de importância se dá nos versos conclusivos das duas primeiras estrofes: "A vida não pára" /vs./ "A vida é tão rara". Uma vez mais a correspondência sonora representa oposição de conteúdo. As expressões "não pára" e "tão rara" aplicadas sobre a noção de "vida" fazem desta uma categoria que oscila da multiplicidade à singularidade. No primeiro caso, "vida" é tomada como um conjunto de elementos descontínuos e contáveis cuja mobilidade, freqüente e ininterrupta ("não pára"), conjuga-se à isotopia da velocidade. No segundo, "vida" é tomada como um bem único, indivisível, pouco freqüente, e cuja extensão deve ser preservada e valorizada em forma de duração. Vincula-se, assim, ao projeto geral de desaceleração.

Em outras palavras, "vida" constitui um termo complexo que permite enfoques antagônicos tanto no nível tensivo, representados pelos pares *multiplicidade/velocidade* de um lado, e *singularidade/lentidão* de outro, como no nível narrativo, representados pelos valores *agitação* de um lado, e *serenidade* de outro. Podemos dizer ainda que "vida", do ponto de vista actancial, é um objeto comum disputado por dois sujeitos: o anti-sujeito, que atribui à vida o valor *agitação*, e o sujeito, que lhe atribui o valor *serenidade*.

A terceira estrofe opera com dois importantes conceitos da semiótica: a *espera* e o *simulacro*.

No que tange à espera, a formulação do primeiro verso, "Enquanto todo mundo espera a cura do mal", define o caso de uma *espera simples* que, segundo Greimas, modaliza o sujeito nos termos de um /querer estar em conjunção/ com o objeto. Ou seja, o sujeito espera que alguém (um destinador ou sujeito operador) lhe proporcione a conjunção desejada[3]. Já no decorrer do quinto e sexto versos, "A gente espera do mundo, e o mundo espera de nós / Um pouco mais de paciência", a espera se conduz numa interação subjetiva mais complexa, visto que os actantes envolvidos ("a gente" e "o mundo") manifestam confiança mútua em relação à capacidade de conquista progressiva de seu objeto comum ("paciência"). Nesse caso, não se trata apenas de um desejo do sujeito mas, sobretudo, da renovação dos votos de confiança que tornam cúmplices os sujeitos implicados num quadro de predisposição actancial típica da relação destinador/destinatário. Um sujeito pensa poder contar com o outro para cumprir seus objetivos. Daí decorre o conceito de *espera fiduciária*[4].

Na realidade, a semiótica de hoje tende a integrar ambas as esperas no campo fiduciário, uma atendendo à relação sujeito/objeto, caracterizada como *crença* propriamente dita, e outra encarregando-se da relação sujeito/sujeito (ou destinador/destinatário), na qual se manifesta a *confiança* interpessoal.

3. *Idem*, p. 228.
4. *Idem*, pp. 229-230.

PACIÊNCIA

Greimas explica que essa confiança no outro não depende do aval declarado dos sujeitos envolvidos mas de uma espécie de *contrato imaginário* que prevê obrigações entre os actantes. Um sujeito constrói, no campo subjetivo, um *simulacro* dos comportamentos previsíveis do outro e, a partir disso, organiza seu universo de expectativas. A confiança encerra, portanto, uma crença complexa, na medida em que *crer que o outro deva* – sendo que esse outro em geral não sabe dessa crença – equivale, no fundo, a atribuir deveres a um sujeito que nem sempre está disposto a cumpri-los. Enfim, esperar de alguém alguma coisa, como no caso da reciprocidade expressa nos dois últimos versos da terceira estrofe, pressupõe confiança de ambas as partes, fundada em simulacros que podem, ou não, se confirmar. Talvez fosse mais prudente considerar que essa confiança mútua traduz, isto sim, o desejo do enunciador de encontrar uma saída integrada para os actantes que são, em princípio, antagonistas – sujeito ("eu") e anti-sujeito ("mundo") – em torno de um objetivo comum (obter "um pouco mais de paciência").

Tudo ocorre como se a terceira estrofe fizesse a passagem da relação *polêmica* entre dois sujeitos (sujeito/anti-sujeito) para a relação *fiduciária* (destinador/destinatário) e, com isso, estabelecesse a base para um projeto narrativo de valorização da vida. De fato, a estrofe começa com um elemento que indica simultaneidade de atitudes ("Enquanto...") que tem como núcleo perspectivas contrárias: fingir que tudo isso é normal /vs/ fingir ter paciência. O pano de fundo é a "espera da cura do mal". Se, a esta altura, o "mal" já está suficientemente identificado com o valor *rapidez*, sua *normalização* só pode ser um ato da "loucura" social e, assim mesmo, um ato forjado ("finge"). Em oposição à normalização da rapidez, forja-se a conquista da "paciência" num plano individual, como se a simples orientação para a extensidade já trouxesse antecipadamente a duração almejada e realizasse de algum modo a "cura do mal". Mas a passagem definitiva para a relação fiduciária se dá logo após a confirmação da força antagonista ("O mundo vai girando cada vez mais veloz"), eliminando qualquer ilusão de vitória unilateral. O êxito do projeto geral passa a depender de uma interação concessiva dos sujeitos ("nós" e "mundo") no sentido de reequilibrar seus desejos (à medida que o "mundo" produz o apressamento do futuro, "a gente" se encarrega do adiamento da iminência) e aumentar a confiança mútua, na mesma proporção em que reconhecem no significado de "paciência" a condição modal indispensável à realização da meta principal (valorizar a vida).

Ter paciência é dar tempo ao tempo, é poder admitir uma conjunção com o tempo necessário à conquista do objeto, por mais distante que este se apresente. Ter paciência é, ainda, poder se apropriar do tempo em sua forma extensa, expandida, eliminando, como já vimos, os estados de urgência. Nesse sentido, as perguntas que abrem a última estrofe ("Será que é tempo que lhe falta pra perceber? / Será que temos esse tempo pra perder?"), não apenas retomam a prática enunciativa (em primeira pessoa) e argumentativa que mobiliza o teor desta letra, mas também, e principalmente, revelam o paradoxo vivido pelo enunciador que se pronuncia em favor do tempo a um enunciatário que pode, eventualmente, não dispor de tempo para se inteirar do tema. Na realidade, o primeiro fala em nome de um tempo contínuo, alongado, que tende à eternidade da "alma", enquanto o enunciatário é concebido como representante do mundo veloz, no qual o tempo é fragmentado, repleto de demarcações (inícios e fins), que se sucedem ininterruptamente abolindo as durações.

Nesses termos, a aquisição da "paciência" configura-se como estratégia narrativa de *rápido* alcance. Afinal, saber esperar já significa considerar a vida como segmento durativo, sem a presença excessiva das demarcações que entrecortam a continuidade vital com seus términos e reinícios de ciclo. Ter paciência é negar esses recortes, cuja multiplicação desencadeia maior velocidade, em favor da permanência da extensão, ou seja, em favor de um processo geral de desaceleração que equivale à valorização da vida. Nesse sentido, como dissemos acima, a capacidade de esperar representa uma primeira conjunção com o tempo que leva ao que a vida tem de mais precioso, sua duração, mas representa, simultaneamente, a antecipação do objetivo final (valorização da vida) em sua tendência à extensidade.

Esse gênero de antecipação é equivalente ao caso do indivíduo que tem medo de ter medo. Por mais que as características do primeiro medo sejam distintas das do segundo, a inquietação que envolve ambos é a mesma, de tal maneira que um sentimento precipita o outro: quem tem medo de ter medo já está com medo. O cultivo da paciência na canção de Lenine também contém um sentido de antecipação dos valores extensos que constituem a meta narrativa do enunciador. As durações que devem ser valorizadas na vida já seriam vividas a cada espera paciente, único modo de reconhecer como rara uma vida que não pára.

Aquele Abraço
Gilberto Gil

O Rio de Janeiro continua lindo
O Rio de Janeiro continua sendo
O Rio de Janeiro, fevereiro e março
Alô, alô, Realengo – aquele abraço!
Alô torcida do Flamengo – aquele abraço!
Alô, alô, Realengo – aquele abraço!
Alô torcida do Flamengo – aquele abraço!

Chacrinha continua balançando a pança
E buzinando a moça e comandando a massa
E continua dando as ordens no terreiro
Alô, alô, seu Chacrinha – velho guerreiro
Alô, alô, Terezinha, Rio de Janeiro
Alô, alô, seu Chacrinha – velho palhaço
Alô, alô, Terezinha – aquele abraço!

Alô, moça da favela – aquele abraço!
Todo mundo da Portela – aquele abraço!

Todo mês de fevereiro – aquele passo!
Alô, Banda de Ipanema – aquele abraço!
Meu caminho pelo mundo eu mesmo traço
A Bahia já me deu régua e compasso
Quem sabe de mim sou eu – aquele abraço!
Pra você que me esqueceu – aquele abraço!
Alô Rio de Janeiro – aquele abraço!
Todo povo brasileiro – aquele abraço!

A letra desta canção é baseada numa saudação em voga no início dos anos 1970. Em pleno regime militar, durante os meses em que Gilberto Gil ficou detido no quartel de Marechal Deodoro, Zona Norte do Rio de Janeiro, à disposição dos órgãos de segurança, a expressão "aquele abraço!" vinha sendo difundida por um programa de televisão e já estava na boca dos soldados que mantinham algum contato com o compositor. Pouco depois de deixar a prisão, já de partida para o exílio, Gil adotou a forma que ouvira como um bordão para sua canção de despedida do Brasil. Esses aspectos circunstanciais – extratextuais – firmam presença constante na audição de *Aquele abraço*, mas isso não significa que a composição prescinda de uma análise de seus elementos internos, cujas interações só tendem a contribuir para a boa compreensão das alusões de época.

Aspecto Enunciativo

Chamamos a atenção, em primeiro lugar, para as debreagens discursivas: enquanto a forma enunciva conduz os três primeiros versos das duas estrofes iniciais, a debreagem enunciativa deixa ouvir a voz do *eu* nos quatro últimos versos das mesmas estrofes. Com aquela, o enunciador situa a cena na cidade do Rio de Janeiro e convoca para o centro dela o personagem (Chacrinha) que à época se transformara em ícone do tropicalismo e da TV dirigida à massa. Com o desengate da primeira pessoa (*eu*) e, conseqüentemente, da segunda (*tu*), o enunciador desfila seu mote de despedida a todos que representam de algum modo o Rio de Janeiro e, por extensão, o Brasil. O elemento "aquele" que compõe a expressão "aquele abraço!" tem um sentido de tornar especial, do ponto de vista afetivo, o gesto de despedida. Trata-se de uma primeira alusão – ao mesmo tempo envolvida e irônica – às contingências lamentáveis que marcaram a ida de Gilberto Gil para o exílio.

Com efeito, essa circunstância da biografia do compositor entra na canção como um valor fundamentalmente aspectual: a despedida é sempre um ato de finalização, reflexo de uma descontinuidade profunda que se manifesta, no nível narrativo, como separação (disjunção entre sujeito e objeto). Quer o enunciador, no entanto, relativizar o efeito disfórico provocado pela situação terminativa com a renovação dos votos de afeição pela terra e pelo povo que mantêm intacta a identidade brasileira. Valendo-se das debreagens, enuncivas e enunciativas, o *eu*-narrador promove movimentos de afastamento e reaproximação do foco enunciativo para caracterizar, de um lado, o espaço ("Rio de Janeiro") e o personagem (*ele*-"Chacrinha") que definem os contornos da cena descrita e, de outro, a declaração pessoal de apego aos componentes que dão vida a essa cena. Nesse último caso, a saudação em primeira pessoa (é o *eu* que diz "Alô, alô...") e a valorização do "abraço" com o pronome ("aquele") garantem a manutenção do elo afetivo – da conjunção – ainda que o projeto geral pareça ser, em princípio, de ruptura.

As debreagens enuncivas servem ainda, neste caso, para hospedar os relatos que versam literalmente sobre a continuidade do cotidiano carioca: "O Rio de Janeiro *continua* lindo... *continua* sendo..." e "Chacrinha *continua* balançando a pança...E *continua* dando as ordens...". São processos duplamente distensivos, na medida em que compreendem uma percepção extensa e intelectiva das figuras "Rio de Janeiro" e "Chacrinha" e ainda tratam-nas num plano durativo. Em outros termos, o enunciador manifesta um *saber* sobre a beleza da cidade em pauta, sobre sua preeminência no verão ("janeiro fevereiro e março") e sobre as atuações de seu personagem-símbolo e, ao mesmo tempo, ao insistir na expressão "continua" e nos gerúndios que frisam a mesma continuidade, insere tudo isso num quadro de rotina previsível e desejável.

As debreagens enunciativas, por sua vez, reforçam a intensidade emotiva da letra ao restaurarem o seu núcleo dêitico. A saudação perfaz o simulacro da comunicação direta entre enunciador e enunciatário, ou seja, o enunciador dirige-se ao actante *tu*, na forma dos atores "Realengo", "torcida do Flamengo", "Chacrinha", "Terezinha" etc., e lança seu signo de despedida. Se a aproximação do centro enunciativo já constitui em si um ganho de intensidade, o que dizer da incorporação repentina, na figura do enunciatário (segunda pessoa, portanto), dos conteúdos longinquamente delineados em terceira pessoa. Depois de caracterizar, à distância, o "Rio" e o "Chacrinha", o enunciador produz, por intermédio da debreagem enunciativa, uma aproximação instantânea dos dois atores e instaura o discurso direto. Ainda assim, mantém um resquício da continuidade anterior em duas formas que indicam certa intimidade entre as posições locutivas *eu / tu*: a interjeição "alô" e, novamente, o pronome "aquele" que, além de sua função superlativa, refere-se também a algo já conhecido (no passado) dos actantes envolvidos e por eles já introjetado (algo assim como: aquele abraço que você bem conhece)[1].

Aspecto Discursivo e Narrativo

Tem papel especial nesta letra a reconstrução da figura do Chacrinha. Parafraseando o personagem real, que sempre comandou programas de auditório e, ao mesmo tempo, representou um bufo alegorizando a balbúrdia nacional, o Chacrinha de Gilberto Gil é o "guerreiro" que comanda "a massa" e que dá "as ordens no terreiro" e, do mesmo modo, é também o "palhaço" que balança "a pança" aos telespectadores de todo o Brasil. Ao enviar sua saudação ao Chacrinha, o enunciador não apenas está fazendo do personagem um enunciatário mas, sobretudo, assumindo o seu ponto de vista enunciativo – sua própria locução – e, nesse gesto, incorporando toda a ambigüidade que caracteriza a expressão do "velho palhaço". Talvez concentre-se aqui o paralelismo intertextual mais influente desses versos: a forma "alô, alô", fulano, "alô, alô", beltrano e, muito especialmente, "alô, alô, Terezinha" constituía um bordão do apresentador

---

1. A fartura de conjunções nesta letra ofusca a manifestação de despedida que, a despeito disso, está presente em vários trechos do texto e é indissociável da expressão "aquele abraço!". Por outro lado, tal predominância de continuidade justifica as respostas dadas pelo compositor à entrevistadora Odete Lara em 1969. Contrariando a expectativa da atriz, Gil declara que não havia um sentido de despedida na motivação original da composição: "Foi uma música de encontro, não de despedida... eu tive que sair do Brasil logo depois que fiz essa música e aí ela ganhou um sentido novo. Você vê como a coisa, a partir de sua inserção na realidade, adquire novos significados" (Gilberto Gil, em A. Risério (ed.), *Gilberto Gil Expresso 2222*, Corrupio, 1982, p. 40). Isso é inegável mas, neste caso, ambos os significados, de encontro e de despedida, estão suficientemente assinalados nos próprios elementos internos do texto, até mesmo a preponderância do primeiro sobre o segundo.

quando em interação com o auditório ou com os telespectadores. Ao adotá-lo em quase toda extensão da letra, o enunciador imbui-se também da desideologização típica da linguagem televisiva, ou seja, dirige-se a tudo e a todos sem qualquer restrição. Assim como manda um abraço à "torcida do Flamengo" ou à "moça da favela", manda outro ao "Realengo" (presídio do Rio de Janeiro[2]) e aos que o tenham esquecido. Em outras palavras, o centro enunciativo (*eu*) assume a dicção da sua principal figura discursiva.

No mais, o envio dos cumprimentos tem ainda o dom de cobrir todo o espectro dos destinatários possíveis, desde o mais específico ("Pra você que me esqueceu") até o mais amplo ("Todo povo brasileiro"), passando pelos representantes de uma faixa intermediária ("Banda de Ipanema", "Todo mundo da Portela" e "Rio de Janeiro"), de maneira que o estado de conjunção se estende como um fundo contínuo favorecendo o destaque dos versos que manifestam, em contraposição a esse conjunto de vínculos, a independência narrativa do enunciador:

> Meu caminho pelo mundo eu mesmo traço
> A Bahia já me deu régua e compasso
> Quem sabe de mim sou eu...

Concentra-se aqui o principal foco descontínuo do texto que dá respaldo (queira ou não o compositor) à idéia de despedida: a finalização de uma etapa e o reinício de outra. Apesar dos elos emocionais, o "eu" segue seu "caminho pelo mundo", dispensando a presença de um ator externo que desempenhe a função de

---

2. Embora não seja exatamente o presídio em que esteve detido.

destinador. Ele próprio opera essa função, uma vez que já fora devidamente instruído por outro actante, ainda mais transcendente, atorializado como "Bahia". Em outras palavras, por meio das figuras "régua e compasso", o metadestinador (Bahia) já teria transferido ao sujeito o *saber-fazer* (e, por extensão, o *poder-fazer*) necessário para a condução do próprio destino. Assim sobremodalizado, com consciência de si mesmo ("Quem sabe de mim sou eu"), o ator "eu" assume os papéis de destinador e destinatário-sujeito de suas ações futuras e faz soar, como sentido geral da letra, uma forma tipicamente concessiva: embora reconheça suas fontes de inspiração e não alimente ressentimentos contra algozes ou detratores (já que se dirige a adjuvantes e oponentes), o enunciador desvincula seu futuro tanto das forças aliadas como das forças antagonistas.

É desse modelo concessivo que decorre, como não poderia deixar de ser, a lógica inversamente proporcional que nos chega à superfície do texto como um traço irônico da composição. Quanto mais o enunciador expande seus elos emocionais, mais adquire poder de independência (*poder fazer* e, acima de tudo, *poder não fazer*). Ou, se preferirmos, o enunciador se instaura como um sujeito que mobiliza as conjunções (por meio das saudações) para firmar sua plena condição de ruptura. Tudo ocorre como se a despedida dependesse da renovação dos encontros ou, ao contrário, como se os reencontros decorressem da iminência da despedida.

OCEANO
Djavan

Assim
Que o dia amanheceu
Lá no mar alto da paixão
Dava pra ver o tempo ruir
Cadê você, que solidão
Esquecera de mim
Enfim
De tudo que há na terra
Não há nada em lugar nenhum
Que vá crescer sem você chegar
Longe de ti tudo parou
Ninguém sabe o que eu sofri

Amar é um deserto e seus temores
Vida que vai na sela dessas dores
Não sabe voltar
Me dá teu calor
Vem me fazer feliz porque te amo

Você deságua em mim e eu oceano
E esqueço que amar
É quase uma dor

Só sei viver
Se for por você

Repleta de figuras discursivas, a letra de *Oceano* oscila entre a forte imagem que lhe dá o título e o sentido oposto contido na expressão "deserto". A primeira reconstrói a *plenitude* típica dos encontros mais desejados enquanto a segunda retrata a *vacuidade* que resulta de perdas inestimáveis. O enunciador se instaura como um sujeito que rejeita a desolação a que está submetido e projeta uma existência plena a partir da realização de um grande encontro.

Se tomarmos o quadrado que articula os modos de existência proposto em *Semiótica das Paixões*[1] e reproposto, com alterações significativas, em *Tensão e Significação*[2], teremos um bom ponto de partida para a descrição dos conteúdos ordenados por estes versos:

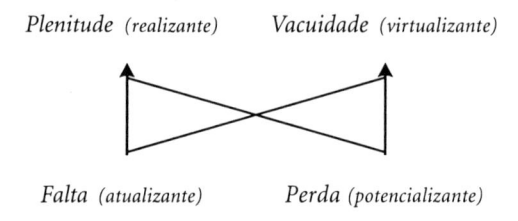

Plenitude (realizante)   *Vacuidade* (virtualizante)

Falta (atualizante)   *Perda* (potencializante)

1. Cf. A. J. Greimas & J. Fontanille, *Semiótica das Paixões*, p. 52.
2. Cf. J. Fontanille & G. Zilberberg, *Tensão e Significação*, p. 134. No original, o contraditório de *plenitude* foi lexicalizado como *inanidade*. Tanto pela oposição à *falta* no eixo dos subcontrários como pela transição entre *plenitude* e *vacuidade*, consideramos o termo *perda* preferível a *inanidade* cuja definição é por demais próxima de *vacuidade*.

De acordo com a semiótica tensiva, o estado de vacuidade define a menor densidade existencial que um sujeito pode experimentar. Tudo indica, de fato, que o enunciador se projeta no texto como alguém que sofreu um processo de esvaziamento modal e emocional e se encontra desolado e sem elã (entenda-se por isso a ausência de direcionalidade ou, simplesmente, de intenção). O compositor de Oceano faz um uso quase técnico da palavra "paixão" nesse contexto de verdadeira inanição do sujeito. A expressão "mar alto da paixão" alinhavada com a ruína do tempo e com a idéia de abandono ("Cadê você, que solidão / Esquecera de mim") e estagnação ("Longe de ti tudo parou") prepara a formação da isotopia do sofrimento que o último verso da primeira estrofe vem confirmar: "Ninguém sabe o que eu sofri".

Embora prevaleça esse sentido próprio do estado passional, ou seja, o estado passivo do *ser que sofre*, não é difícil depreendermos alguns rudimentos de *procura* que poderiam configurar uma certa virtualidade modal (uma espécie de sombra de desejo), responsável, já nesse estágio, por um mínimo de direcionalidade: "cadê você?" e "Longe de ti tudo parou". Mas, em termos figurativos, toda a primeira estrofe encerra-se no plano do "deserto" e, só a partir da segunda, caracteriza-se de vez o movimento em direção a uma nova plenitude (ao "oceano"), começando evidentemente pela manifestação de consciência da falta: "Me dá teu calor / Vem me fazer feliz porque te amo".

A condição de vacuidade existencial do sujeito ingressa no nível narrativo com algumas características particulares. Esse actante não está apenas apartado de outros actantes, de seus objetos, de seus valores ou de suas modalidades. A virtualidade em que se encontra, definida sobretudo por um desprovimento de direcionalidade, denota justamente a ausência da função narrativa responsável não apenas por sua ação mas também por sua orientação. De fato, no mesmo ator ("você"), estão sincretizados o papel de objeto ("Cadê você?") e de destinador, este último perfeitamente configurado nos versos: "De tudo que há na terra / Não há nada em lugar nenhum / que vá crescer sem você chegar / Longe de ti tudo parou". Só o destinador responde pela continuidade do processo e pela superação dos acidentes (*parada da parada*) de percurso que venham impedir ou retardar a realização do sujeito. Só ele também está em condições de aquilatar o valor que mobiliza uma narrativa. O trecho transcrito, ao retratar o estado geral de privação e esterilidade em que se encontra o sujeito, apequena a presença do destinador em contraposição ao crescimento das forças antagonistas e, ao mesmo tempo, perfaz a cena que estriba a construção da figura do *deserto*.

As duas imagens discursivas que dão início à segunda estrofe ("Amar é um deserto e seus temores" e "Vida que vai na sela dessas dores") vêm confirmar o conteúdo já delineado, ao definir "amar" como um espaço de desolação onde imperam as tais forças ameaçadoras do anti-sujeito (os "temores") e ao revelá-las como fonte das paixões disfóricas (as "dores") que acabam por minar a "vida" do sujeito. Tudo indica que esse estado de coisas só poderia regredir com a recrudescência do papel do destinador e o conseqüente fortalecimento do programa narrativo incorporado pelo enunciador. Daí a reversão de perspectiva a partir do apelo: "Me dá teu calor".

Trata-se aqui de um momento *atualizante* do texto, em que o sujeito assume a *falta* e calibra seu avanço em direção à plenitude. A busca de conjunção é inequívoca, do mesmo modo que a forte tensão para a indivisibilidade. O que permanece ambíguo é o quadro geral das funções actanciais envolvidas: as relações subjetais coexistem com as relações objetais. O ator "você" vem sendo definido principalmente como destinador transcendente responsável pelo crescimento e movimento de "tudo". É nessa linha de configuração actancial que o "eu" destinatário pede um *dom* (o "calor" – que possui, entre seus sememas, a idéia de proteção) e outro gesto, também típico dessa função: *fazer ser* ("Vem me fazer feliz ..."). No entanto, ao justificar seus pedidos com a expressão "... porque te amo", o enunciador instala-se como um sujeito que se define pelo objeto de desejo ("você").

O verso seguinte, "Você deságua em mim e eu oceano", aprofunda a mescla das funções. No plano das relações objetais, "você", até então tomado como objeto, adquire – como sói acontecer em situações de plenitude – traços ativos que o impelem em direção a "eu" que, por sua vez, recebe passivamente – como se fora objeto, portanto – a ação do primeiro. No plano das relações subjetais, o elemento "você" continua cumprindo o seu papel de destinador que alimenta ("deságua") a competência do sujeito-destinatário "eu", afastando cada vez mais de seu caminho o *fantasma* do anti-sujeito. A figura do "oceano", que tem entre seus sentidos a noção de /abundância/, representa no plano discursivo a nova condição do sujeito competente e em estado de máxima densidade existencial (*plenitude*). Assim, a essa altura, não há nada mais que lembre a condição de escassês e estagnação consubstanciada na figura inicial do "deserto".

Em resumo, o percurso existencial que vai da *vacuidade* à *plenitude*, correspondente ao aumento do coeficiente tensivo no plano do enunciador, reproduz-se narrativamente na passagem do estado de disjunção ao estado de conjunção, tanto objetal como subjetal (e, neste último caso, com destaque para a reconstituição do destinador, actante responsável pelo êxito geral do processo) e, discursivamente, na substituição da figura do "deserto" pela figura do "oceano". A *parada*, conceito que caracterizou toda a primeira estrofe e o início da segunda, e a função de anti-sujeito vão sendo paulatinamente negadas na mesma proporção em que os vínculos destinador-destinatário e sujeito-objeto vão sendo recuperados. Na primeira estrofe, é o "você" (destinador) que está afastado do "eu" (sujeito-destinatário) pelo esquecimento ("Esquecera de mim"), em decorrência da atuação das forças antagonistas. No final, depois da reconquista do contrato com o destinador, é o anti-sujeito que aparece afastado do sujeito ("eu") pelo mesmo gesto de esquecimento (e esqueço que amar / É quase uma dor).

A última estrofe, com apenas dois versos, só vem reforçar os dois sincretismos básicos da letra: "você" = objeto + destinador e, de modo complementar, "eu" = sujeito + destinatário. A vida do sujeito só se desenvolve numa direção, a "você" na função de objeto: $S \Rightarrow O$. Ao mesmo tempo, a competência desse sujeito – seu *querer* e, particularmente, seu *saber* – é alimentada e mobilizada por um provedor com as características típicas do destinador (D^r), função também assumida pelo "você" que, nesses termos, faz do "eu" o seu destinatário (D^o): $D^r \Rightarrow D^o$. Enfim, a relação entre os atores "eu" / "você" exibe mão dupla, uma pista reservada ao plano objetal e outra ao plano subjetal:

$$\text{``eu''} \quad \begin{array}{c} S \longrightarrow O \\ D^o \longleftarrow D^r \end{array} \quad \text{``você''}$$

E todo esse sistema é revelado por mais um actante acumulado pelo "eu": o destinador-julgador. É deste lugar estratégico que o enunciador interpreta todas as etapas de sua trajetória narrativa e a "verdade" de suas atuais dependências actanciais.

Ovelha Negra
Rita Lee

Levava uma vida sossegada
Gostava de sombra e água fresca
Meu Deus, quanto tempo eu passei
Sem saber

Foi quando meu pai me disse: filha
Você é a ovelha negra da família
Agora é hora de você assumir
E sumir

Baby, baby
Não adianta chamar
Quando alguém está perdido
Procurando se encontrar

Baby, baby
Não vale a pena esperar, oh! não
Tire isso da cabeça
Ponha o resto no lugar

Dotada de estrutura narrativa extremamente simples, essa canção apresenta, nas duas primeiras estrofes, o processo exemplar de desencadeamento de uma história: cenário quase sem movimento, desprovido de saliências, com duração dilatada, do qual irrompe um elemento desviante que desfaz a harmonia anterior e instaura o desequilíbrio passional e actancial no texto. De fato, a descontinuidade traduz-se, no nível narrativo, como sanção negativa aplicada sobre o comportamento do sujeito: "Você é a ovelha negra da família".

A isotopia alinhavada pelos semas de "sossegada", "sombra e água fresca" e "quanto tempo" aponta para um quadro de inatividade eufórica do sujeito ou, em outras palavras, este último se revela em conjunção voluntária com o ócio: "Gostava de sombra e água fresca". Trata-se, portanto, de um caso de apreensão da realidade em sua dimensão extensa e é esse valor, pouco comprometido com qualquer demarcação, que entra em choque com a axiologia, baseada em valores de limite, que determina a sanção[1].

Tudo ocorre como se o sujeito "eu" tivesse aderido a um sistema de crenças fundado na desaceleração do tempo, na duração aspectual e no esvaziamento modal, pelo menos no que concerne à formação de competência para a ação. Há, sem dúvida, um *querer* ("Gostava..."), só que regendo um *não fazer*. E, além do *crer* que justifica sua adesão, o sujeito não conta, nesta primeira estrofe, com nenhuma outra modalidade que pudesse indicar transformação do quadro atual. O *dever* só aparecerá após a sanção. O *saber*, modalidade dotada de critérios delimitantes, também aparece em sua versão negativa (*não saber*), demonstrando,

---

[1]. Note-se que o sujeito desta letra assume os mesmos valores profundos pleiteados pelo sujeito de *Paciência*.

de um lado, a total incapacidade do sujeito para uma auto-avaliação e, de outro, o seu despreparo para a atualização de um fazer.

A expressão "sombra e água fresca" está registrada na memória da língua como própria para definir as situações que negam a necessidade do trabalho, sobretudo quando este é dominado por um *dever fazer*. Ao mesmo tempo, confirma a prevalência de um *querer fazer* do sujeito que, em decorrência do elemento deôntico pressuposto, encontra resistências para se impor plenamente. Em termos gerativos, pode-se dizer que a seleção de valores durativos e átonos no nível tensivo significa que o enunciador não respeita fronteiras e imposições sociais, ou simplesmente não se dá conta de sua existência, de tal modo que acaba produzindo um excesso distensivo cujo destino natural é o de ser freado pelas demarcações recalcadas na primeira fase. Esse excesso alimenta a modalidade do *querer não fazer*, mas, em contrapartida, desperta o imperativo contrário do *dever fazer*, que funciona como força de contenção. Ao ingressar no nível narrativo é fácil reconhecer a plena conjunção do sujeito com seu objeto – sintetizado como "sossego" no nível discursivo mas impregnado de valores distensivos e das modalidades fiduciária e volitiva oriundas dos níveis mais profundos – assim como o repentino ato de privação a que se submete a partir da aplicação da sanção.

Mas há outros detalhes a considerar nesse nível. A figura do "pai" que quase sempre assume a função actancial de destinador, aqui confirma a regra e ainda se desdobra em destinador-julgador e destinador-manipulador. No primeiro caso, revela a face secreta – e secreta ao próprio sujeito – do sujeito que pensava estar em conjunção com valores mobilizados pela euforia e o desmascara como se fora um anti-sujeito: "Você é a ovelha negra da família". Aplica-lhe, ainda, uma sanção negativa que, em última instância, se resume na substituição dos valores durativos, que atendiam aos desejos do sujeito, pelos (anti)valores delimitativos responsáveis pelas leis sociais e, ao mesmo tempo, pela interrupção da continuidade em que o enunciador encontrava-se mergulhado: "Agora é hora de você assumir".

Na condição de destinador-manipulador, o ator "pai" *faz*, segundo o narrador, a "filha" *fazer* ou, mais que isso, impõe à filha um *dever ser* e um *dever fazer*. Segundo a perspectiva paterna, a filha teria de desempenhar, a partir de então, os papéis de destinador e de destinatário-sujeito e, assim, responsabilizar-se pelo próprio destino: "assumir". Ao mesmo tempo, a repentina obrigação vem na forma de um xeque-mate que reproduz em superfície a seleção da descontinuidade nos planos profundos: "sumir". Ou seja, a mesma descontinuidade que, em termos mais genéricos, instrui os limites deônticos, responde também pela negação do vínculo preestabelecido entre pai e filha, em que o primeiro sempre aceita a função de destinador. Para ir embora ("sumir"), a filha é obrigada a "assumir" as duas funções complementares.

Quanto ao pai, sua conduta de romper o vínculo em regime de urgência faz transparecer um remanejamento das posições actanciais, pois a ruptura brusca de um contrato entre sujeitos tende a configurar a oposição sujeito /vs/ anti-sujeito. Note-se que o desligamento gradativo das relações familiares em jogo representaria um processo natural de amadurecimento das gerações (à medida que se torna adulto o indivíduo vai ocupando o papel de destinador de si próprio e conquistando competência para isso). Os ares antagonistas que nos fazem sentir a presença do anti-sujeito advêm do caráter súbito da disjunção. O enunciador deixa entender que a ruptura subjetal surge de forma repentina, repercutindo, também imediatamente, em seu vínculo objetal. De fato, ao se desligar do destinador, o sujeito perde seus objetos associados à desaceleração do tempo. Descontinuidade e rapidez constituem, nesta letra, os principais valores do anti-sujeito.

A clareza enunciativa das primeiras estrofes não se estende às duas últimas. Ao se referir ao enunciatário com as expressões "Baby, baby", o enunciador assinala o seu distanciamento do mundo familiar e seu ingresso no mundo do rock, em cujas letras, no país de origem, a citada forma de tratamento está plenamente consagrada como índice de proximidade afetiva entre jovens amantes. Nesse sentido, tem-se a impressão de que o enunciador dirige-se a seus pares ou, até mesmo, a si próprio quando aplica a recomendação: "Não adianta chamar / Quando alguém está perdido / Procurando se encontrar". Mas não se pode negar que se trata também de uma resposta indireta à convocação paterna na qual o sujeito frisa o caráter inoportuno desta última. Para expor o estado de desagregação interna, as funções de sujeito e objeto aparecem sincretizadas no ator "eu", só que em completa disjunção narrativa: o "eu-objeto" está perdido e o "eu-sujeito", em fase de não-disjunção, procura encontrá-lo.

Ao mesmo tempo, na última estrofe, o mesmo enunciador tenta dissuadir o mesmo enunciatário de esperar que a conjunção se realize, já que ela só interessa à ideologia do ex-destinador ("pai") que, por sua vez, desde a implantação de sua ruptura com o destinatário ("filha"), passou à condição de anti-sujeito. A sugestão do enunciador vai no sentido de produzir novos valores e novas ideologias em substituição à espera de uma comunhão entre sujeito e objeto nos termos do universo deôntico já mencionado. Em vez dos limites, novamente a extensão: "Tire isso da cabeça / Ponha o resto no lugar". A noção de "resto", aqui, diz respeito a todo o espectro dos elementos que contradizem o dever.

É nesse quadro de extensidade que o sujeito-enunciador recupera os valores da duração anunciados no início da letra e, do ponto de vista gerativo, define a precedência da expansão volitiva às imposições do *dever*. Em outras palavras, delimitações e transgressões surgem no texto como elementos respectivamente recessivos e dominantes, mas ambos com força suficiente para produzir embate e superação, à maneira de qualquer narrativa sem maior complexidade.

Torre de Babel
Lupicínio Rodrigues

Quando nos conhecemos
Numa festa que estivemos
Nos gostamos e juramos
Um ao outro ser fiel
Depois continuando
Nos querendo e nos gostando
Nosso amor foi aumentando
Qual a Torre de Babel
E a construção foi indo
Foi crescendo, foi subindo
Lá no céu quase atingindo
Aos domínios do senhor
E agora aproximando-se
O nosso maior momento
Este desentendimento
Quer parar o nosso amor

MAS EU NÃO ACREDITO
ISSO NÃO HÁ DE ACONTECER
PORQUE EU CONTINUO LHE ADORANDO
E HEI DE ARRANJAR
UM MEIO DE LHE CONVENCER
QUE VOLTA MEU AMOR
SEU BEM ESTÁ CHAMANDO
POR UM CAPRICHO SEU
NÃO HÁ DE SER QUE ESTA AMIZADE
VÁ TER ESTE DESFECHO TÃO CRUEL
QUE TIVERAM PORQUE SE DESENTENDERAM
AQUELES QUE PRETENDERAM
FAZER A TORRE DE BABEL

Esta letra põe em relevo os limites e os graus que normalmente subjazem ao processo narrativo. Os quatro primeiros versos celebram a demarcação inicial da união amorosa. O restante da primeira estrofe abriga as progressões inscritas nos gerúndios que, pelo próprio excesso de continuidade, esbarram em novo limite, agora em forma de *parada*, de interrupção do fluxo de intensidade emocional:

E agora aproximando-se
O nosso maior momento
Este desentendimento
Quer parar o nosso amor

A segunda estrofe constitui um verdadeiro libelo contra a imposição dos limites que podem se transformar em terminação do processo. Em outras palavras, o narrador investe-se contra os valores da *parada*, aqui considerados como disfóricos, e tenta a todo custo promover a *parada da parada* que seria a base para a prosperidade afetiva da união.

Por outro lado, duas isotopias temáticas conflitantes – a do entendimento e a do desentendimento – são configuradas sob a égide de uma única isotopia figurativa gerada pelo mito da "Torre de Babel". Para caracterizar o entendimento, a noção de torre libera seu semema /construção/ que pode ser facilmente associado à idéia de construção de um vínculo afetivo cada vez mais profundo, enquanto, para caracterizar o desentendimento, o mito bíblico se consubstancia no semema /confusão/.

Do ponto de vista narrativo, os quatro primeiros versos apresentam um perfeito contrato subjetal, um caso de *adesão* mútua fundada no regime da confiança. Além das motivações virtuais do *querer* ("nos gostamos"), o enunciador-ator convoca também um compromisso firmado à luz do *dever* ("nos juramos"), que se propaga pelos versos seguintes como união plena: objetal (sujeito/objeto) e subjetal (destinador/destinatário).

A partir do quinto verso ("Depois continuando"), cessa propriamente o progresso narrativo em nome de uma evolução contínua do estado passional em que se inserem os actantes. Nada menos que nove gerúndios (em nove versos) são lançados em discurso para manifestar o crescimento tensivo do estado de conjunção. O destino natural, ou por assim dizer "rítmico", da exacerbação conjuntiva é sua ruptura.

Esse modelo pode ser melhor compreendido se tomarmos como referência a silabação saussuriana e suas alternâncias entre "ponto vocálico" (< >) e "fronteira silábica" (> <). Toda vez que a cadeia sonora atinge um determinado grau de abertura sonora, caracterizando o espaço "soante", torna-se iminente o fechamento consonantal que, por seu turno, além de definir a zona de fronteira silábica ainda anuncia nova abertura e assim por diante[1]. Se identificarmos o aumento da tensão conjuntiva retratado na letra com o ponto vocálico, não é difícil conceber que há uma certa previsão de ruptura quanto mais se configura o centro intensivo.

Do mesmo modo, a prosódia, com seus acentos e entoações no plano da expressão, apresenta outra boa equivalência com os esquemas tensivos articulados no plano do conteúdo. Não há entoação que não decorra de um acento e que a este não se dirija, assim como não há acento que não resulte de inflexões entoativas e que nelas não se desdobre. O estado de conjunção intensa aqui verificado equivale ao acento que, como tal, tem vida efêmera e logo se desfaz em modulações entoativas.

Convém recordar ainda as leis que governam a noção de termo complexo e que determinam a presença dominante ou recessiva de ambos os pólos da categoria. No caso em consideração estamos articulando o termo *junção* em *conjunção* e *disjunção* sem apresentar a necessária alternância entre esses últimos, pelo menos até o décimo segundo verso: apenas a conjunção, com seus valores contínuos, parece ter sido selecionada pelo enunciador. Ocorre, porém, que a escolha de um dos termos da categoria complexa como elemento dominante tem sempre, como conseqüência, a escolha simultânea de seu termo oposto ainda que este se mantenha oculto por um certo tempo. Basta lermos (ou ouvirmos) a primeira parte da letra para sentirmos empiricamente que o elemento não mencionado, a *disjunção*, pode irromper-se a qualquer momento e se transformar em termo dominante. Essa

---

1. Cf. F. Saussure, *Curso de Lingüística Geral*, São Paulo, Cultrix, 1971, pp. 62-673.

sensação torna-se ainda mais evidente quando há, como aqui, um projeto geral de valorização do primeiro termo. Os versos iniciais de Torre de Babel apostam tudo na *conjunção* ao relatar o crescimento gradativo e ininterrupto do elo amoroso até atingir níveis insustentáveis de predominância do primeiro termo ("Foi crescendo, foi subindo / lá no céu quase atingindo / Aos domínios do Senhor"). Durante essa evolução, assiste-se à presença cada vez mais nítida do termo recessivo (a *disjunção*), até sua passagem a um cenário dominante. Ora, o próprio sentido da *conjunção* depende da presença latente ou, se quisermos, da ameaça dos valores disjuntivos. O crescimento excessivo de um dos termos tende a anunciar, no contrafluxo, o irrompimento compensatório do termo recessivo, como ocorre no caso examinado, ou tende a destruir a categoria da junção em sua totalidade, visto que esta depende dos dois termos para subsistir.

Não havendo progresso narrativo, todo o movimento dessa parte inicial transcorre no âmbito do ser. De acordo com a lógica engendrada no texto, as tensões eufóricas expressas pela progressão contínua só esbarrarão num limite em duas eventualidades: se atingirem o final do processo ("O nosso maior momento"), ou se acumularem de tal modo valores contínuos que qualquer presença de descontinuidade (um "desentendimento", por exemplo) possa ameaçar toda a evolução já conquistada. A opção recai sobre a segunda alternativa: a perfeição conjuntiva ("Lá no céu quase atingindo / Aos domínios do Senhor") não admite a mínima incorreção. Num ambiente de total continuidade, qualquer descontinuidade ganha relevo especial, como se tivesse compensando a predominância excessiva de um dos pólos da categoria complexa. Nesse contexto, sobrevém a *parada da continuidade* ("Este desentendimento / Quer parar o nosso amor").

A descontinuidade passa então de recessiva a dominante e transforma-se em razão dos argumentos que constituem a segunda parte. No nível narrativo, o sujeito experimenta o sabor da perda e se aloja num intervalo entre a conjunção e a não-conjunção com o objeto. Da mesma forma, destinador e destinatário vêem abalada sua relação de confiança, embora, em nenhum momento, as funções actanciais convertam-se em forças antagonistas (sujeito / anti-sujeito). Tudo leva a crer que a (ameaça de) interrupção do elo afetivo é unilateral ("Porque eu continuo lhe adorando") e não chega a consumar qualquer fratura irreversível no plano subjetal.

A figura da "Torre de Babel" reproduz, no nível discursivo, a estrutura complexa regida pela categoria da *junção*. Enquanto o tratamento narrativo é linear, perfazendo a trajetória da conjunção à disjunção, a imagem da mencionada torre instaura simultaneamente os dois estados juntivos, apresentando, de um lado, a idéia de prosperidade da união no crescimento incessante da edificação e, de outro, a noção de desacordo e eventual desagregação dos sujeitos implicados na referência à incomunicabilidade implantada em Babel.

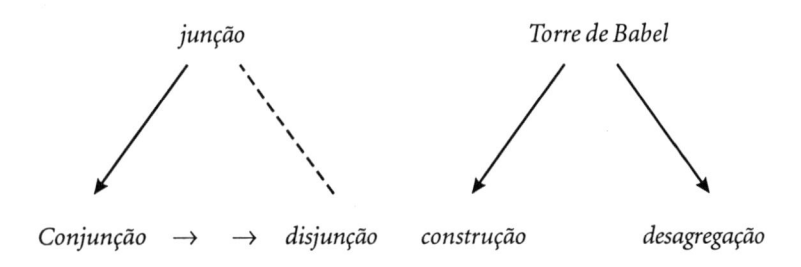

junção   *Torre de Babel*

Conjunção → → *disjunção*   construção   *desagregação*

A figura do "desentendimento", por sua vez, tem um valor tensivo associado à descontinuidade, um valor modal que se insere no âmbito do [*saber / não-saber*] e um valor narrativo consubstanciado na noção de anti-sujeito. Neste último caso, "desentendimento" é também o actante que pode promover a *parada* ("Este desentendimento / Quer parar o nosso amor").

Ao longo de toda a segunda estrofe, o enunciador encarna a função do destinador persuasivo (ou manipulador), o principal actante responsável pela continuidade narrativa. Se é próprio do anti-sujeito interpor obstáculos e produzir a *parada*, cabe ao destinador remover toda sorte de empecilhos e restaurar a continuidade pelo processo conhecido como *parada da parada*. O núcleo da função de destinador persuasivo situa-se na passagem "E hei de arranjar / Um meio de lhe convencer" enquanto o alcance do seu projeto extenso surge disseminado por expressões como "Isso não há de acontecer", "E hei de arranjar..." e "Não há de ser que essa amizade...".

Assim, tudo que se produz no plano subjetal repercute no plano objetal. O esforço do destinador ("eu") em convencer o destinatário ("tu" ou "você") a não desistir de seu propósito narrativo, qual seja o de vencer as forças antagonistas da *parada* (figurativizadas como "desentendimento" ou "capricho"), visa a reforçar o vínculo sujeito-objeto em qualquer das direções que este possa ser tomado. O quadro mais natural seria o que considera "tu" como destinatário-sujeito e "eu" (enunciador) como seu objeto de busca ("Que volta meu amor / Seu bem está chamando"), mas nada impede que o enunciador sincretize os actantes destinador e sujeito e, em contrapartida, o enunciatário assuma as funções de destinatário e objeto. O que importa é compreender que o anseio de continuidade no plano subjetal (o lugar da confiança e das adesões) tem imediata reprodução no plano objetal, conforme nos mostra o esquema abaixo[2]:

	Valores contínuos	Valores descontínuos
Relação subjetal	Destinador → destinatário	Sujeito / anti-sujeito
Relação objetal	Sujeito → objeto	Sujeito / anti-objeto

Entretanto, desde que o enunciador depreende a atuação antagonista (penúltimo verso da primeira estrofe), no decorrer do até então implacável progresso conjuntivo inscrito na figura da construção, até a rejeição incontinenti da ruptura na segunda estrofe ("Mas eu não acredito...") o que temos na verdade é um duplo processo de negação perfeitamente representado no quadrado das tensões[3]:

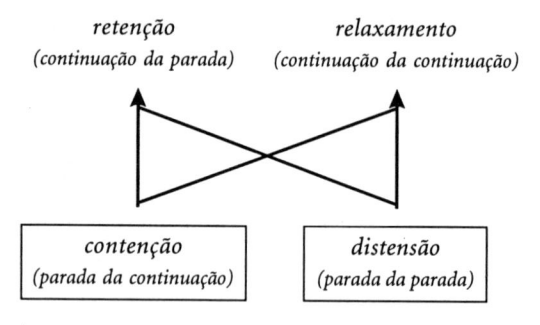

retenção
(continuação da parada)

relaxamento
(continuação da continuação)

contenção
(parada da continuação)

distensão
(parada da parada)

Em primeiro lugar, a negação da continuidade absoluta (*continuação da continuação*) que, como tal, apresenta-se na forma de um *relaxamento* excessivo (próprio, aliás, dos "domínios do Senhor"). Em seguida, o destino natural de toda *contenção* (pa-

---

2. Baseado em esquema proposto em G. Zilberberg, *Raison...*, p. 107.
3. *Idem*, p. 126.

rada da continuação) é a retenção que equivale à conservação da *parada*. No entanto, esse estágio é também terminantemente negado pelo enunciador, de modo que permanecemos ora na *contenção* (*parada*), ora na *distensão* (*parada da parada*), sem qualquer perspectiva de estabilidade nos pontos extremos.

Esses valores contraditórios instruem o nível narrativo com os estados de não-conjunção e não-disjunção entre sujeito e objeto, bem como o tema do "desentendimento" e a figura da Torre de Babel. Didaticamente, a distribuição dos elementos no percurso gerativo poderia ser assim representada:

Nível tensivo	Nível modal-narrativo	Nível discursivo
Contenção/distensão	$D^r \to D^o$ (*fazer crer*)	Figura: "(des)construção"
parada	não-conjunção	Tema: "(des)entendimento"
parada da parada	não-disjunção	

Domingo no Parque
Gilberto Gil

O rei da brincadeira – ê, José
O rei da confusão – ê, João
Um trabalhava na feira – ê, José
Outro na construção – ê, João

A semana passada, no fim da semana
João resolveu não brigar
No domingo de tarde saiu apressado
E não foi pra Ribeira jogar
Capoeira
Não foi pra lá pra Ribeira
Foi namorar

O José como sempre no fim da semana
Guardou a barraca e sumiu
Foi fazer no domingo um passeio no parque
Lá perto da Boca do Rio

Foi no parque que ele avistou
Juliana
Foi que ele viu

Juliana na roda com João
Uma rosa e um sorvete na mão
Juliana, seu sonho, uma ilusão
Juliana e o amigo João
O espinho da rosa feriu Zé
E o sorvete gelou seu coração

O sorvete e a rosa – ô, José
A rosa e o sorvete – ô, José
Oi, dançando no peito – ô, José
Do José brincalhão – ô, José

O sorvete e a rosa – ô, José
A rosa e o sorvete – ô, José
Oi, girando na mente – ô, José
Do José brincalhão – ô, José

Juliana girando – oi, girando
Oi, na roda-gigante – oi, girando
Oi, na roda-gigante – oi, girando
O amigo, João – oi, João

O sorvete é morango – é vermelho
Oi, girando e a rosa – é vermelha
Oi, girando, girando – é vermelha
Oi, girando, girando – olha a faca!

OLHA O SANGUE NA MÃO – Ê, JOSÉ
JULIANA NO CHÃO – Ê, JOSÉ
OUTRO CORPO CAÍDO – Ê, JOSÉ
SEU AMIGO JOÃO – Ê, JOSÉ

AMANHÃ NÃO TEM FEIRA – Ê, JOSÉ
NÃO TEM MAIS CONSTRUÇÃO – Ê, JOÃO
NÃO TEM MAIS BRINCADEIRA – Ê, JOSÉ
NÃO TEM MAIS CONFUSÃO – Ê, JOÃO

A caracterização profissional dos dois principais atores que despontam na primeira estrofe desta letra tem a finalidade de apresentar uma situação relativamente estável: "José" era *feirante* e "João", um trabalhador de construção, possivelmente um *pedreiro*. Seus traços de personalidade, porém, já carregam indícios de um provável desarranjo desse equilíbrio inicial: enquanto "José" é apresentado como *brincalhão*, "João" surge como uma espécie de *desordeiro* ("o rei da confusão").

Entretanto, não é no âmbito do trabalho que se manifesta a transgressão da ordem prevista. A partir da segunda estrofe, surgem demarcadores temporais ("no fim da semana", "domingo") e espaciais ("no parque", "perto da Boca do Rio") que introduzem a área do lazer, na qual os mencionados atores mantêm outros costumes e outras formas de interação. Ao que tudo indica, nesse final de semana, "José" seguiu sua rotina ("como sempre"), guardando a barraca e saindo à passeio. "João", por sua vez, alterou seu hábito semanal de jogar capoeira em nome de um encontro amoroso no mesmo parque freqüentado por "José".

Desenvolvimento Narrativo

A mudança de rumo de "João" faz com que o ator adote um programa narrativo até certo ponto semelhante ao de "José": ambos vão passear no parque. Em nível mais profundo, pode-se ainda depreender uma correspondência de intensidade afetiva no impulso interno que mobiliza os dois sujeitos: "João" sai "apressado" para o seu novo compromisso e "José", mesmo exercendo uma atividade costumeira, não deixa de manifestar um certo ímpeto nesse exercício ("guardou a barraca e sumiu"). Com tais elementos, a letra deixa transparecer não apenas a presença de um *querer* no quadro de competência dos dois actantes mas também o nível de velocidade inscrito no verbo modal que antecipa sua ação concreta. Tudo isso colabora para fazer desses sujeitos entidades comparáveis que, no decorrer do processo, estarão mais sensíveis e expostas aos fatores de distinção. A situação atinge o paroxismo quando o sujeito "José" se dá conta de que ambos possuem também o mesmo objeto de desejo: "Juliana".

Realmente, o impacto narrativo da letra concentra-se no instante em que "José" avista "Juliana" em companhia de "João". Até então, os componentes que caracterizaram a trajetória dos dois actantes não apresentavam aspectos de exclusão. Ambos podiam desempenhar seus respectivos papéis narrativos sem enfrentar maiores obstáculos. Mais do que isso, o narrador deixa entender que havia laços de amizade entre eles ("... o *amigo* João"), o que reforça a idéia de um contrato prévio, típico da relação entre destinador e destinatário, imediatamente rompido diante da visão fatídica. A consciência de que o objeto de desejo de ambos é de natureza exclusiva e que, portanto, a continuidade do programa narrativo de um actante corresponde necessariamente à interrupção do programa do outro, transfere o centro de atenção da cena para um âmbito passional.

"José" passa a ter uma representação actancial fortemente abalada por incompatibilidades modais: ele é um sujeito que *quer* estar em conjunção com seu objeto ("Juliana") mas, nesse momento, vem a *saber* que *não pode* mais realizar o seu projeto. As articulações passionais fornecidas pela letra aparecem então sob a forma de simulacros construídos pelo sujeito "José" (S_1) a partir de suas expectativas fundadas no equilíbrio anterior: S_1 espera e quer permanecer em conjunção com seu objeto de valor, mesmo que se trate apenas de um elo virtual. A esperança não deixa de ser uma relação de continuidade extensa entre sujeito e objeto. Greimas caracterizaria esse estado como o de uma *espera simples*[1]. Mas, acima de tudo, S_1 acredita que tem esse direito assegurado por um contrato que, na verdade, só foi estabelecido em seu próprio imaginário (nem "João" nem "Juliana" teriam consciência disso). De qualquer forma, tal simulacro é suficiente para que "José" alimente também a mesma *espera fiduciária* que descrevemos no capítulo dedicado a *Gota d'água*:

$$S_1 \text{ crer } [S_2 \text{ dever} \Rightarrow (S_1 \cap O_v)]$$

Ou seja, "José" (S_1) acredita que tanto "Juliana" (S_2 e O_v) – que aparece em sua mente como alguém que sabe de suas (dele) intenções e que, portanto, está consciente de seu (dela) papel de objeto de valor – como "João" (S_2) – que, como amigo, não poderia deixar de respeitar seus projetos pessoais – deveriam ser os

---

1. "De la colère", *Du sens II*, p. 227.

primeiros a contribuir para manter (⇒) a sua união com o objeto de valor ($S_1 \cap O_v$).

Essas constatações procedem menos dos elementos explicitados pelo texto que das pressuposições decorrentes da evolução passional do personagem. Dificilmente compreenderíamos as atitudes posteriores de "José" fora desse contexto de construção de simulacros, no qual surge como actante universalmente prejudicado, destituído não apenas do objeto mas também da confiança nos outros. Como já vimos, a perda do objeto produz a *frustração*, enquanto a ruptura da espera fiduciária acarreta o sentimento de *decepção* com o seu semelhante. Afinal, ambos os atores ("Juliana" e "João") não fizeram o que "José" esperava que fizessem, ou seja, mantê-lo em conjunção com seu objeto.

Mas, de outro ponto de vista, esses mesmos atores *fizeram* justamente o que "José" jamais esperaria que fizessem: traíram-no. Ignorando o *dever* concebido em seu simulacro passional, "João" e "Juliana" promovem – sempre involuntariamente – a aniquilação de sua crença nos outros e, em última instância, em si próprio. Despem-no de todo anteparo modal e deixam-no, portanto, vulnerável aos mais perigosos sentimentos passionais. Enfim, ao fazerem o que, no imaginário de "José", não deveriam fazer, o casal provoca no personagem traído a dor da *ofensa*.

É neste estado passional que S_1 ("José") reconhece S_2 ("Juliana" e/ou "João") não mais como possível destinador mas sim, nitidamente, como anti-sujeito. Para tanto, "José" assume temporariamente a função de destinador julgador e avalia, num piscar de olhos, os percursos narrativos pregressos de seus antagonistas que tão "cruelmente" o vitimaram. Trata-se, na verdade, de um sincretismo. "José" conserva seu papel de sujeito, dotado de um *querer* ("Juliana seu sonho") mas já pratica o julgamento ("uma ilusão") servindo-se das consagradas modalidades veridictórias:

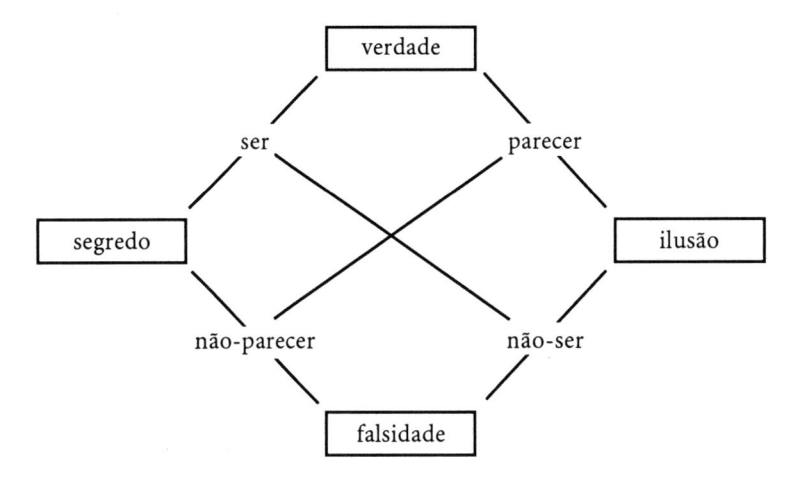

```
              verdade
         ser        parecer
    segredo            ilusão
         não-parecer  não-ser
              falsidade
```

Ao mesmo tempo em que revela literalmente a ilusão (algo que parecia mas não era), desvenda o segredo (algo que era mas não parecia) de seus ex-aliados: "Juliana" e o amigo "João", no imaginário de "José", formam um par que o exclui e, mais que isso, o ofende. A caracterização da ofensa restabelece a competência modal de "José" – agora já como sujeito virtual que se sente no direito de reparar o dano sofrido –, a princípio com um *querer fazer*, que também tem valor de *dever fazer* (afinal ele se sente provocado e desonrado), mas logo em seguida com um *poder fazer*, legitimado por um ideal de justiça proveniente da instância julgadora – o personagem só consegue enxergar um desequilíbrio passional que precisa ser urgentemente reparado. Afinal, como diz Greimas, a *vingança* caracteriza, no plano individual, um reequilíbrio dos sofrimentos entre sujeitos antagonistas[2].

2. *Idem*, p. 241.

O reconhecimento do sujeito (S_2) responsável pela falta (objetal e fiduciária) que aflige S_1 fornece o direcionamento necessário para canalizar o ímpeto subjetivo liberado pelo *poder fazer* instaurado em sua competência. Essa orientação é essencial para o desencadeamento de programas narrativos de desagravo. Entretanto, não podemos, neste caso, falar de vingança no sentido estrito do termo. Não há um planejamento de ação, com PNs adequados à meta almejada, preenchendo etapas temporais minuciosamente calculadas para infligir o sofrimento no âmbito do anti-sujeito. O sujeito reage imediatamente, movido pelos reflexos da honra ofendida. Trata-se, pois, de um programa *sincopado*, destituído de qualquer elaboração prévia, que corresponde exatamente à noção de "cólera", rigorosamente descrita por Greimas:

[...] no caso da cólera, [...] o poder-fazer, exacerbado, domina inteiramente o sujeito e passa ao *fazer*, antes que um programa de ação seja definitivamente elaborado, servindo-se apenas de elementos esparsos passíveis de fundar esse programa, reunidos sob a égide da agressividade orientada (afirmação de si e destruição do outro)[3].

A eliminação final de todos os actantes (cf. última estrofe) e, conseqüentemente, de seus universos, individual e coletivo, indica que não houve mais a retomada do estado de equilíbrio anterior em que a vida passional poderia recobrar sua oscilação natural entre as inquietações, cuja tensão decorre da espera e da disjunção, e os confortos, cuja distensão decorre da satisfação e da conjunção. Houve, isto sim, a supressão da própria vida pas-

---

3. *Idem*, p. 246.

sional, o que corresponde à liquidação das funções narrativas e dos investimentos discursivos.

Desenvolvimento Figurativo

Até o momento em que "José" avista "Juliana" e "João" na roda gigante, dois temas gerais haviam deflagrado as isotopias mais abrangentes da letra: o trabalho e o lazer. O primeiro é abandonado nas primeiras estrofes enquanto o segundo vai sendo progressivamente detalhado em figuras cada vez mais localizadas: o parque, a roda e, por fim, a rosa e o sorvete. Esse fechamento do foco visual tem um sentido de concentrar a ordem figurativa nos elementos mínimos que expressem o máximo das paixões narrativas em jogo. Integradas às isotopias do lazer e, a essa altura, do amor, as figuras "rosa" e "sorvete" liberam, por metonímia, os traços /perfume/ e /doçura/ respectivamente: "Uma rosa e um sorvete na mão". Embora não sejam lexicalizados no texto, esses traços tornam-se virtualmente presentes não apenas pela iteração sêmica encadeada no sintagma mas também por oposição paradigmática aos traços disfóricos "espinho" e "gelo" que também se agregam – agora explicitamente – por metonímia, às mesmas figuras: "O espinho da rosa feriu Zé / E o sorvete gelou seu coração":

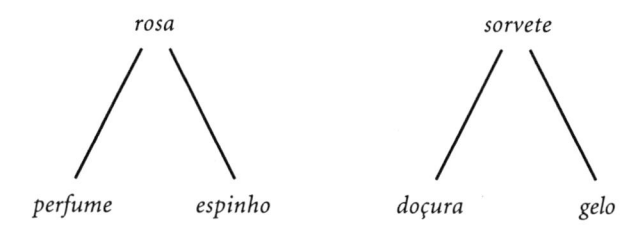

```
        rosa                    sorvete
       /    \                  /      \
  perfume   espinho       doçura      gelo
```

A expressão "O espinho da rosa feriu Zé" perfaz a figura da ofensa enquanto o verso "E o sorvete gelou seu coração" figurativiza a insensibilização do sujeito que introjetou o *poder fazer* (poder se vingar). Agora, do ponto de vista modal, o sujeito está pronto para a ação.

De um ângulo passional, entretanto, o actante precisa de tempo para se sentir tomado pela emoção a ponto de não poder deixar de reagir. Essa etapa é preenchida por um outro gênero de figurativização que elabora, de modo quase didático, a passagem dos estados de coisas (concentrados no movimento circular da roda gigante) aos estados de alma (compreensão dos fenômenos que provocaram o desamparo passional do sujeito), mediada pelas tensões e pelos sentimentos que modulam a intensidade afetiva da apreensão da cena[4]. O "corpo" que sente torna-se então referência básica para a captação de todos os conteúdos descritos na letra. Mais que fenômenos da realidade, os movimentos giratórios – expressos nas inversões "O sorvete e a rosa / A rosa e o sorvete" e nos termos "dançando", "girando" e "roda" – são projeções psíquicas de uma tensão (ou retenção) que progride rapidamente no espírito de "José".

De acordo com o ritmo básico do nível profundo (ou tensivo), o excesso de retenção leva necessariamente à distensão. E recorremos mais uma vez à silabação saussuriana: toda implosão consonantal tem como destino último a explosão vocálica, por mais que esta possa ser retardada; do mesmo modo, a cadeia fônica tende a fechar-se quanto maior for a abertura da sonoridade[5]. A generalidade dessa proposta confirma-se plenamente

---

4. Cf. A. J. Greimas & J. Fontanille, *Semiótica das Paixões*, p. 19. A expressão "Dos Estados de Coisas aos Estados de Alma" constitui subtítulo deste volume.
5. Lembremos que a proposta de isomorfismo entre plano da expressão e plano do conteúdo,

quando o objeto de análise possui características sincréticas. No caso da canção, por exemplo, o plano tensivo é a melhor instância para se aferir as correspondências entre a evolução melódica e a evolução lingüística.

Tudo ocorre como se o progresso narrativo estancasse temporariamente, mantendo-se em estado passional, para que o nível discursivo desenvolva plenamente a progressão tensiva. De fato, a figura do movimento giratório leva ao auge o período de retenção, até que despontam os primeiros sinais da etapa seguinte em que a retomada da ação narrativa corresponderá à distensão no nível profundo. Esses sinais surgem como traços de uma nova isotopia também retirada por metonímia das figuras "rosa" e "sorvete" mas, desta vez, incorporando-as como termos de articulação. Ou seja, a categoria complexa agora é uma qualidade (vermelho) que vai se conectar com o principal traço sensorial de "sangue" e conduzir as figuras anteriores, ligadas à vida (movimento, altura, perfume, doçura), ao âmbito da morte (ferimento, queda e imobilidade).

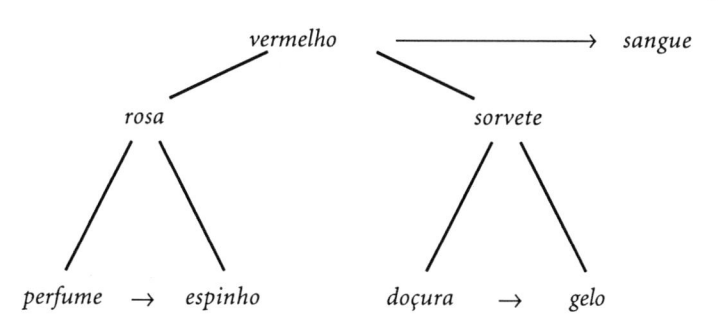

```
              vermelho ───────────→ sangue
             /        \
          rosa       sorvete
          / \         / \
         /   \       /   \
    perfume → espinho  doçura → gelo
```

lançada por L. Hjelmslev, funda-se justamente num princípio de homogeneidade conceptual, ou seja, ambos os planos devem ser descritos pela mesma metalinguagem científica. Nessa orientação, o modelo silábico tem servido de referência para a compreensão do ritmo que impera no plano tensivo

Trata-se aqui de uma evolução isotópica que antecipa, até certo ponto, o progresso narrativo. Referimo-nos evidentemente ao progresso narrativo *stricto sensu*, ou seja, àquele que transcorre no nível da ação, pois não há dúvida que à evolução figurativa apontada no esquema acima corresponde uma ampla mobilização dos conteúdos passionais vividos pelo sujeito, justamente no chamado nível modal-narrativo. Mas quanto ao *fazer* propriamente dito, este só se manifesta com a expressão "Olha a faca!" que produz a descontinuidade em todos os níveis do percurso gerativo da letra: além do *fazer* com sabor de transformação instantânea que instaura, no nível narrativo, a disjunção dos actantes entre si e desses com a vida, temos, no nível discursivo, a única debreagem enunciativa da letra, acusando a intervenção direta do narrador na cena e, por fim, no nível tensivo, a configuração da distensão do quadro passional anterior, até então caracterizado como retenção. Nesse último caso, pode-se retomar o quadrado já introduzido no capítulo anterior:

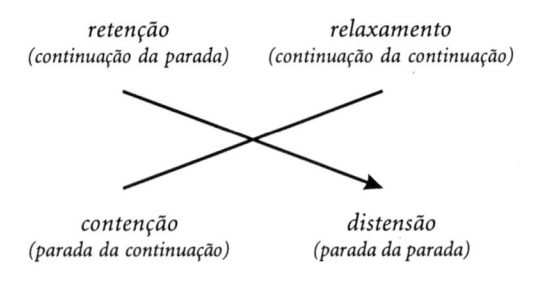

```
      retenção                  relaxamento
(continuação da parada)   (continuação da continuação)


      contenção                  distensão
(parada da continuação)       (parada da parada)
```

Se relermos todo o processo relatado na letra sob esse prisma tensivo, podemos dizer que a canção insere toda sua primeira parte num domínio praticamente *relaxado*, de pouca concentração passional. "José" e "João" são descritos, em seus traços gerais de personalidade e em seus papéis diários de trabalhadores, como figuras comuns que garantem a passagem *contínua* da vida sem fatos dignos de nota. Ao avistar "Juliana" em companhia de "João", tal continuidade sofre uma *parada* que pode ser caracterizada como *contenção* e imediata concentração da densidade emocional da cena. Ocorre, porém, que esse novo estado permanece, em tensão crescente, até o verso "Olha a faca!" que, evocando a explosão de uma "ação impetuosa"[6], dá vazão ao excesso tensivo acumulado. Em outras palavras, a *continuação da parada* – a *retenção* – é negada pela *parada da parada*, dando início a uma fase *distensiva* (indicada pela seta).

Resta dizer que a fase seguinte não se caracteriza como um simples retorno ao relaxamento inicial na medida em que este não terá mais como destino a contenção. Se retomarmos o modelo silábico, lembraremos que o som de um fonema jamais se repete *ipsis literis* na mesma cadeia fônica pois sua identidade depende intimamente da programação sonora do fonemas anterior e posterior. Um /ɛ/ que segue um /p/ e antecede um /l/ na palavra "pele" é só parcialmente semelhante a um /ɛ/ que segue um /š/ e antecede um /k/ na palavra "cheque", por exemplo. Do mesmo modo, o relaxamento retratado no início da letra tem um sentido aspectual incoativo e prepara-se para a contenção. Há traços dessa preparação tanto na caracterização do ator "João" ("O rei da confusão") como em sua repentina mudança de rotina ("João resolveu não brigar"). O relaxamento do final – terminativo, portanto – corresponde mais exatamente à idéia de *continuação da continuação* que, sem perspectiva de *parada*, converte-se na idéia que temos de morte.

E se os pormenores do fazer narrativo ficam apenas suben-

---

6. A expressão é de Greimas no capítulo "De la colère", já citado.

tendidos, mais uma vez são as oposições figurativas que traduzem a cena com maior fidelidade. Além da evolução dos semas disfóricos de "rosa" e "sorvete" para a coloração sangüínea da morte, a irrupção do ataque impetuoso assinala também a transformação de figuras que associam vida e movimento com o eixo da verticalidade (roda gigante) em figuras que representam a imobilidade na dimensão horizontal: "Juliana no chão / Outro corpo caído".

Travessia
Milton Nascimento e Fernando Brandt

Quando você foi embora
Fez-se noite em meu viver
Forte eu sou, mas não tem jeito
Hoje eu tenho que chorar
Minha casa não é minha
E nem é meu este lugar
Estou só e não resisto
Muito tenho pra falar

Solto a voz nas estradas
Já não quero parar
Meu caminho é de pedra
Como posso sonhar?
Sonho feito de brisa
Vento vem terminar
Vou fechar o meu pranto
Vou querer me matar

Vou seguindo pela vida
Me esquecendo de você
Eu não quero mais a morte
Tenho muito que viver
Vou querer amar de novo
E se não der não vou sofrer
Já não sonho, hoje faço
Com meu braço o meu viver

    A letra de *Travessia* ilustra bem a forma linear de organização do sentido. A primeira estrofe retrata um sujeito desamparado, acuado por uma série de privações e sem muita perspectiva de superar seu estado passional. A segunda, embora faça menção de interromper a situação inicial, na verdade apenas expõe o conflito que define o próprio quadro passional e vislumbra, assim, as condições de sua superação. Só a terceira estrofe responde pela real transformação do estado do sujeito e pela conformação de um novo objeto de busca.
    A debreagem enunciativa, dispositivo acionado em toda a extensão da letra, tem seu centro temporal, na primeira estrofe, ancorado no verso "Hoje eu tenho que chorar". Desta demarcação, o sujeito (*eu*) contempla o passado ("Quando você foi embora / Fez-se noite em meu viver") e o futuro ("Muito tenho pra falar"), reservando ao presente uma certa espessura que serve para abarcar, no plano narrativo, as perdas que lhe foram infligidas e a descrição de seu estado geral de carência. Pode-se verificar, desde já, que a seqüência das temporalidades obedece a um critério causal: a partida do *tu* (atorializado como "você") desencadeia na esfera do sujeito privações que lhe consomem a resistência e o levam a querer realizar uma ação reparadora ("fa-

lar"). Isso significa que a primeira perda possui um estatuto especial em relação às demais. Uma vez consumada, ela faz a vida desvanecer-se ("Fez-se noite em meu viver"), retira o vigor do indivíduo ("Forte eu sou mas não tem jeito / Hoje eu tenho que chorar") além de despojá-lo do próprio espaço ("Minha casa não é minha / E nem é meu este lugar"). Em resumo, a descontinuidade entre *eu* e *tu* afasta o primeiro actante de seus principais valores ("Estou só..."), depaupera-lhe a competência ("...e não resisto") sem, contudo, privá-lo de algumas modalidades como o *saber* (pressuposta em "muito tenho pra falar") e mesmo o *querer*, ainda em forma embrionária, que lhe asseguram um ponto de partida para retomar a ação.

Há que se compreender a exata interação entre esses actantes. Não é propriamente a função preenchida por "você" que impõe privações ao "eu", à maneira de um anti-sujeito puro e simples, mas a sua ausência. Isso significa que outrora a presença do actante garantia ao sujeito um estado pleno de conjunção com os valores, particularmente aqueles, de natureza modal, necessários ao desenvolvimento do programa narrativo que, de acordo com os termos da estrofe subseqüente, caracterizava o modo de agir deste actante. Tudo indica que havia uma *comunicação participativa*[1] entre *eu* e *tu*, no sentido de que ambos partilhavam os mesmos valores e desenvolviam programas cujo êxito dependia justamente desta integração. Semelhante continuidade de sujeito a sujeito define as funções de destinador e destinatário e sua ruptura justifica totalmente a interrupção das atuações do sujeito e seu atual estado de penúria modal, numa palavra o seu estado passional.

---

1. Ver definição de *comunicação participativa* em A. J. Greimas, *Du sens II*, pp. 44-46.

No plano discursivo, a *figura* do "abandono" introduzida logo no primeiro verso corresponde ao *tema* da "morte" que, por sua vez, conta com o respaldo narrativo das sucessivas disjunções impostas ao sujeito, das quais decorre o seu isolamento. Considerando os valores tensivos que subjazem, num plano profundo, às condições narrativas e discursivas desta estrofe, podemos ainda verificar a prevalência dos *limites* sobre as *expansões* eufóricas. Tudo ocorre como se o enunciador geral da letra selecionasse para essa primeira parte os valores *intensos* – disfóricos – portadores de descontinuidade e responsáveis pelas forças *involutivas* do texto. Em princípio, são esses os valores que estão na base do confinamento do sujeito em seu universo passional e que podem ser definidos pelo termo *retenção* ou, de forma mais analítica, pela *continuação da parada*:

Nível tensivo	Nível modal-narrativo	Nível discursivo
Retenção	Estado passional	Figura: "abandono"
(Continuação da parada)	Insuficiência modal	Tema: "morte"

Dentro da perspectiva gerativa, este esquema expõe, de modo didático, o sistema de *instrução* que faz com que o nível mais concreto confirme os valores escolhidos no nível mais abstrato: os valores intensos que caracterizam a retenção no nível profundo instruem, no nível modal-narrativo, o estado passional do sujeito que, por sua vez, instrui o tema da morte e a figura do abandono no discurso. Ocorre, porém, que esse sistema de instrução exibe apenas a face paradigmática do percurso gerativo, ou seja, o seu esquema de seleção de traços de mesma natureza nos três níveis de concretização do sentido. Como todo texto constitui um segmento integrado numa continuidade histórica, na medida em que decorre de circunstâncias anteriores e prevê desdobramentos futuros, não podemos deixar de proceder à análise conjunta de seus dispositivos sintagmáticos nesse mesmo percurso gerativo.

No caso desta primeira estrofe, a inclusão do conteúdo do texto numa seqüência histórica surge nitidamente marcada pelo verso inicial ("Quando você foi embora") e pelo último ("Muito tenho pra falar"), ou seja, algo provocou o atual estado de carência vivido pelo sujeito e, do mesmo modo, algo deve resultar dessa situação. Retomemos, uma vez mais, o quadrado tensivo:

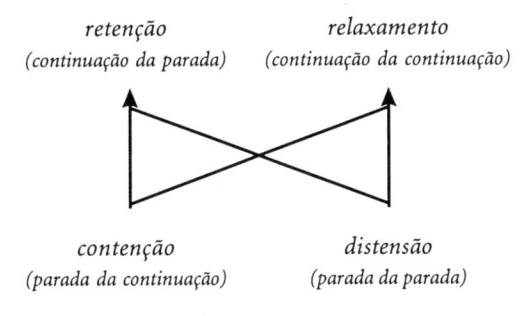

retenção *relaxamento*
(continuação da parada) *(continuação da continuação)*

contenção *distensão*
(parada da continuação) *(parada da parada)*

A retenção que define a condição atual do sujeito provém de uma contenção precedente, cuja figura é a partida de "você" e, necessariamente, esta *parada* deve ter incidido sobre uma situação anterior de *continuidade*, ou de acentuado *relaxamento*, em que os programas narrativos podiam ser realizados sem maiores obstáculos. Do mesmo modo, a intensidade passional investida na duração da *parada* torna cada vez mais iminente o seu "transbordamento", que pode ser traduzido sintaxicamente como *parada da parada*. Esse ritmo tensivo contém as sugestões inerentes ao modelo silábico de Saussure: o destino do limite fornecido pela "fronteira silábica" é a abertura realizada pelo "ponto vocálico" e vice-versa[2].

Assim, paralelamente ao sistema de instrução, opera no percurso gerativo um sistema de *denegação* que consiste na recusa de um padrão único de seleção dos valores para todos os níveis do percurso. Ao configurar em diversas frentes o isolamento do sujeito, o enunciador desta estrofe inicial está, ao mesmo tempo, valorizando a cena em contraste com situações já vividas ou que virtualmente poderiam se realizar. No plano profundo, a seleção privilegiada dos valores de *limite* potencializa a participação, iminente ou tardia, dos valores de *transgressão*. No plano narrativo, o confinamento passional do *ser* torna cada vez mais urgente a convocação de um *fazer*. Em outras palavras, mobilizar um sistema de instrução gerativa, com predominância nítida dos valores *intensos*, significa ativar simultaneamente um sistema de denegação desses mesmos valores – e de recuperação dos valores *extensos* –, de modo que a evolução rítmica, ou numa palavra a sintaxe, possa fazer parte integrante do modelo em todos os seus estratos gerativos.

Este sistema de denegação dos valores predominantes do texto pode permanecer em estado potencial ou virtual sem que, por isso, deixe de estar presente na apreensão geral do sentido em construção. Toda situação retratada num texto é passageira e portanto sua significação depende das orientações sugeridas pelo processo de denegação que, afinal, apresenta os valores excluídos ou desvalorizados como horizontes para a evolução tensiva e narrativa da trama. No caso em exame, os valores desprestigiados na primeira estrofe são justamente os convocados na segunda para dar seqüência sintagmática ao texto:

---

2. Cf. F. Saussure, *Curso de Lingüística Geral*, p. 70.

Solto a voz nas estradas
Já não quero parar

De fato, esses primeiros versos da segunda estrofe fazem menção de reverter a tendência que prevaleceu na primeira, confirmando a intenção dinâmica introduzida pelo verso imediatamente anterior ("Muito tenho pra falar"); parecem realizar a denegação que estava implícita no segmento passional da letra. O estado de insuficiência modal converte-se em predisposição para a ação – que chega a se realizar no verso "Solto a voz nas estradas" – com acento especial sobre a modalidade do *querer* e com a recusa literal dos valores da *parada* ("Já não quero parar"). Mas, na realidade, o encaminhamento desta estrofe ainda não é de distensão. O propósito de assumir trajetórias dinâmicas esbarra em forças que vêm no contrafluxo, representando a atuação simultânea do anti-sujeito em duas micro-narrativas: "Meu caminho é de pedra (anti-sujeito) / Como posso sonhar" e "Sonho feito de brisa / Vento (anti-sujeito) vem terminar". De qualquer forma, ficamos sabendo pelo investimento figurativo aqui exposto que o programa narrativo fadado ao fracasso é o do "sonho" e que, provavelmente, este programa só se efetivava com a participação decisiva do actante destinador ("você") que se apartou do sujeito. Desamparado e enfraquecido ("Sonho feito de brisa") – leia-se: sem a competência suficiente – o sujeito, nas atuais condições, capitularia diante das forças antagonistas. E, mais uma vez, reitera-se o tema da morte, agora com a figura do "fracasso": "Vou fechar o meu pranto / Vou querer me matar"[3].

---

3. Mas não poderíamos deixar de salientar que esses versos constituem a grande incógnita desta canção, contrastando com a forma explícita e direta adotada nas demais partes.

Essa segunda estrofe expõe com certa nitidez o sistema de denegação que já estava implícito na primeira mas não chega a instaurá-lo como novo regime gerativo. Na realidade, o que vêm à tona são os conflitos subjetivos, modal e narrativo, próprios do estado passional em que está mergulhado o sujeito. Tudo ocorre como se o enunciador suspendesse temporariamente o fio narrativo para mobilizar esse universo passional, mostrando metaforicamente suas contradições, seus impasses e sua busca de soluções. Se lembrarmos da voz aguda e alongada que perfaz a melodia deste trecho da canção, teremos uma irrefutável confirmação dos sentimentos articulados na letra. Todos esses jogos narrativos, cujas peças principais manifestam a força do desejo contra a resistência dos empecilhos, contribuem para elaborar um certo rito de passagem: o sujeito vai aos poucos substituindo o seu velho programa narrativo (o de "sonhar") pelo novo (o de "viver concretamente"), mais promissor em todos os sentidos.

Só na última estrofe manifesta-se sintagmaticamente o sistema de denegação armado no início da letra. Os valores da retenção convertem-se em valores da distensão que instauram a *parada da parada*, reconstroem a competência modal do sujeito – e, portanto, sua habilitação para o *fazer* – e passam a empreender a tematização da "vida". A primeira medida, do ponto de vista narrativo, é a recusa do antigo destinador ("Me esquecendo de você"), cuja função estava inexoravelmente comprometida com o programa do sonho. Em seguida, a conversão do estado passional ("E se não der não vou sofrer") em ação devidamente instrumentalizada pela modalidade do *querer* ("Eu não quero mais a morte" e "Vou querer amar de novo") e o abandono definitivo da atividade contemplativa do sonho ("Já não sonho..."). Finalmente, para a efetiva realização do novo programa, a convocação de novo ator para a função de destinador: o "eu" desdobra-se, então, em destinador e destinatário-sujeito, valendo-se da metonímia "meu braço" para manifestar os termos do sincretismo ("...hoje faço com meu braço o meu viver"). A menção ao órgão humano associado ao trabalho ("braço") contribui para transformar o *fazer* cognitivo do sonho em *fazer* decididamente pragmático.

Nesse novo cenário, reformula-se totalmente o sistema de instrução dos valores no percurso gerativo:

Nível tensivo	Nível modal-narrativo	Nível discursivo
Distensão	Ação ("fazer")	Figura: "braço" (operando o fazer)
(Parada da parada)	Competência modal	Tema: "vida"

Na verdade, esta terceira estrofe manifesta o sistema de denegação já previsto na primeira: os termos deste esquema denegam simetricamente os do esquema anterior. Na maioria das vezes, entretanto, o sistema de denegação opera paralelamente ao de instrução, dinamizando seus valores, sem se manifestar na superfície do texto. No caso da letra em pauta, os dois estados antagônicos são explicitamente caracterizados nas estrofes inicial e final porque a informação principal, comprovada pela expressão melódica, concentra-se na estrofe intermediária que exercita a passagem de um quadro passional para um quadro ativo com todos os conflitos que essa manobra encerra. Daí decorre a importância do título – *Travessia* – que, ausente do corpo da letra, define um conceito que lhe é subjacente.

Alegria, Alegria
Caetano Veloso

Caminhando contra o vento
Sem lenço, sem documento
No sol de quase dezembro
Eu vou
O sol se reparte em crimes
Espaçonaves, guerrilhas
Em Cardinales bonitas
Eu vou
Em caras de presidentes
Em grandes beijos de amor
Em dentes, pernas, bandeiras
Bomba e Brigitte Bardot

O sol nas bancas de revista
Me enche de alegria e preguiça
Quem lê tanta notícia?

Eu vou
Por entre fotos e nomes

Os olhos cheios de cores
O peito cheio de amores vãos
Eu vou
Por que não? Por que não?

Ela pensa em casamento
E eu nunca mais fui à escola
Sem lenço, sem documento
Eu vou
Eu tomo uma coca-cola
Ela pensa em casamento
E uma canção me consola
Eu vou
Por entre fotos e nomes
Sem livros e sem fuzil
Sem fome, sem telefone
No coração do Brasil

Ela nem sabe até pensei
Em cantar na televisão
O sol é tão bonito

Eu vou
Sem lenço, sem documento
Nada no bolso ou nas mãos
Eu quero seguir vivendo
Amor
Eu vou
Por que não? Por que não?

ALEGRIA, ALEGRIA

Uma das características mais marcantes da letra de *Alegria, alegria* é a extrema presentificação. Trata-se de um *eu / aqui / agora* exercido com toda a plenitude, descomprometido com o passado remoto ou recente e apenas ligeiramente voltado a um futuro imediato. Tal debreagem enunciativa tem a função precípua de vincular o sujeito aos fatos e símbolos de sua época sem tecer considerações sobre a procedência histórica desse estado atual. O presente é tomado em sua forma contínua ("Caminhando...") para poder abarcar, com sua espessura, uma certa evolução interna de ocorrências e de apreensões psíquicas.

O primeiro segmento já traz uma narrativa condensada que contém essencialmente os elementos funcionais que serão desenvolvidos à frente:

Caminhando contra o vento
Sem lenço, sem documento
No sol de quase dezembro
Eu vou

Instaura-se de imediato a natureza da ação praticada pelo sujeito (caminhar), a presença figurativa e constante de um anti-sujeito ("o vento"[1]), o despojamento de alguns valores que garantiriam a identidade social do sujeito ("Sem lenço, sem documento") e a conjunção com um actante ("o sol") que está longe de representar apenas uma circunstância de tempo/espaço na qual se enquadra a cena. A expressão "Eu vou" que completa o segmento e se converte em mote principal da letra, além de esten-

---

1. A mesma figura, aliás, construída em *Travessia*.

der o *fazer* do sujeito (a caminhada[2]) para todo o texto, anuncia a modalidade virtual pressuposta desde as primeiras linhas: o *querer*.

A alusão a um anti-sujeito desperta a suspeita de que, embora dotado de um *querer fazer*, o sujeito ainda não disponha de um *poder fazer*, cuja conquista depende justamente do progresso da letra. Quanto ao "sol de quase dezembro", além da função superficial de representar o período de veraneio, temos que levar em conta suas dimensões, narrativa e figural[3], construídas em três outras aparições do termo "sol" ao longo da letra:

O sol se reparte em crimes
Espaçonaves, guerrilhas
Em Cardinales bonitas
Eu vou
Em caras de presidentes
Em grandes beijos de amor
Em dentes, pernas, bandeiras
Bomba e Brigitte Bardot

No plano discursivo, o elemento sêmico extraído do "sol", que assegura uma das isotopias figurativas deste trecho, é a *luminosidade*, como se o astro fosse focalizando os detalhes da cena percorrida pelo sujeito. Ao assumir essa função de "mostrar" os ob-

---

2. Paulo Eduardo Lopes já estudou a "caminhada" como *configuração* discursiva que se manifesta com freqüência nas canções brasileiras dos anos sessenta, cobrindo diferentes soluções modais e narrativas (cf. *A Desinvenção do Som*, Campinas, Pontes, 1999, pp. 117-186).
3. O termo figural diz respeito aos valores constantes – extraídos em função do *tempo* (no sentido de *andamento*), da duração e do espaço –, que subjazem às figuras de superfície (cf. entrada de C. Zilberberg, em A. J. Greimas & J. Courtés, *Sémiotique. Dictionnaire... II*, pp. 92-93.

jetos impregnados dos valores da época, o "sol" desempenha, no plano narrativo, ainda que temporariamente, o papel de destinador manipulador, aquele que faz o sujeito ver os possíveis objetos. No plano tensivo, o "sol" constitui uma globalidade que se decompõe em partes, as quais, individualmente, não chegam a prender a atenção do sujeito – cuja ação se resume a passar através das imagens e das informações sem se deter em nenhuma.

O sol nas bancas de revista
Me enche de alegria e preguiça
Quem lê tanta notícia?

Ao lado do traço luminosidade, que mantém o aspecto vibrante das mensagens, a figura do "sol" se deixa manifestar também pelo traço *calor*, de modo que o sujeito se sente, ao mesmo tempo, tomado pela "alegria" e a "preguiça". No plano narrativo, a função de destinador se confirma na medida em que o "sol" faz o sujeito /ser/ ou, em outras palavras, faz dele um sujeito alegre e preguiçoso. Isso pressupõe que o actante faz o sujeito manter contato (de forma global) com os objetos, o que lhe proporciona alegria, mas, no mesmo ato, faz o sujeito recusar uma proximidade maior, um contato específico, com cada um deles, por força de uma indisfarçável preguiça: "Quem lê tanta notícia?". Essas operações, em nível profundo, são conduzidas por outro dispositivo que, como a globalidade, pertence à ordem extensa: a *continuidade*. O predicado "Me enche de alegria e preguiça" apresenta o "sol" exercendo uma prática contrária à do trecho anterior. Se lá o sol se repartia em fragmentos, aqui ele "enche", ou preenche o campo passional do sujeito. À descontinuidade da primeira intervenção contrapõe a continuidade da segunda.

Nesses termos, podemos dizer que o sol manifesta uma categoria complexa que articula algo como totalização de um lado e fracionamento de outro. A este último são atribuídos valores disfóricos[4] enquanto à totalização associam-se valores eufóricos. E é nesta acepção euforizada que ainda se invoca o sol pela quarta e última vez: "O sol é tão bonito".

Voltando ao plano discursivo, pode-se dizer que a isotopia do despojamento anunciada no segundo verso confirma-se no transcurso da cena em que o sujeito acusa a percepção dos objetos – cujos teores estão imbuídos de valores do mundo do consumo, da ciência, da política e dos contrastes ideológicos em voga nos anos sessenta – mas passa incólume por eles (cf. trecho já citado: "O sol se reparte... Brigitte Bardot"). Cada um desses objetos poderia constituir-se em saliência à passagem do sujeito, exigindo-lhe uma atenção particularizada. No entanto, a ele só interessa a apreensão em bloco dos valores, o que contribui para especificar uma isotopia do *desengajamento*[5] no que se refere a qualquer dos conteúdos investidos nos objetos.

Esse descompromisso com valores específicos, reforçado pela marcante figura da "preguiça", aponta para uma ampliação do universo modal do sujeito. A este actante não basta a caminhada em busca dos próprios valores ou fazer da própria caminhada o valor supremo, como deixa entender o refrão ("Eu vou"), pois que lhe parece igualmente importante poder rejeitar zonas de interesse que na realidade não chegam a empolgá-lo. Assim, o

---

4. A disforia está vinculada aos objetos produzidos pelo fracionamento e não a esses mesmos objetos tomados globalmente. Estes últimos, sem dúvida, correspondem ao princípio de totalização.
5. Essa isotopia levou setores da esquerda militante daqueles anos a classificar *Alegria, Alegria* como canção "alienada":

sujeito quer compor sua competência não apenas com os conteúdos do *poder fazer*, próprios da *liberdade*, mas também com os do seu termo contrário, o *poder não fazer*, próprios da *independência*[6]. E podemos dizer que o *poder não fazer* é o coeficiente modal do tema do desengajamento:

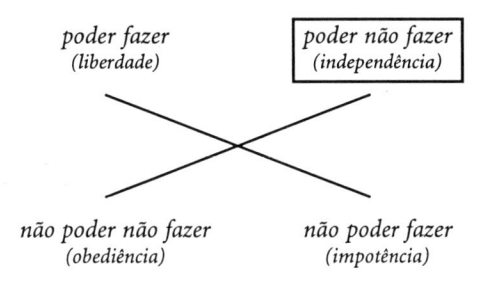

```
       poder fazer          poder não fazer
       (liberdade)          (independência)


                    ╳


    não poder não fazer     não poder fazer
       (obediência)           (impotência)
```

A adoção do "sol" em sua dimensão global e contínua (fonte provedora de luz) como destinador – o que se comprova nas operações de preenchimento emocional e perceptivo do sujeito (além de se sentir pleno de "alegria e preguiça", o sujeito tem "Os olhos *cheios* de cores" e "o peito *cheio* de amores vãos") – sela um contrato com uma instância neutra do ponto de vista ideológico e, ao mesmo tempo, sugestiva do ponto de vista figurativo: afinal, é a disseminação da luz que permite o esclarecimento de diversas questões naquele momento candentes. A questão do desengajamento para poder enxergar o mundo sem o filtro das posições preconcebidas era uma delas[7].

---

6. Cf. A. J. Greimas & J. Courtés, *Dicionário de Semiótica*, p. 338.
7. *Alegria, Alegria* manifesta uma das principais frentes de combate do tropicalismo, qual seja a rejeição do modelo de adesão aos cânones da música engajada e, por extensão, de todas as formas de exclusivismo que definiam as posições maniqueístas do período. A partir dela, o tropicalismo ficou conhecido como o movimento que promoveu a mistura tanto em termos de enriquecimento como de profanação dos valores.

Entretanto, para exercer sua liberdade e sobretudo sua independência, o sujeito combate forças antagonistas cuja identidade pouco se revela na superfície do texto. Sabemos, porém, que a realização da caminhada contou com a desobstrução de algum tipo de empecilho, ou com a negação de algum gênero de interdição pressuposto na expressão insistentemente reiterada:

(Eu vou)
Por que não? Por que não?

A partir dessa pergunta, a continuidade proposta por "Eu vou", que no início da letra poderia estar situada numa zona de relaxamento (*continuação da continuação*), insere-se indubitavelmente num momento sintáxico de negação da parada (*parada da parada*) ou, se preferirmos, de distensão, de acordo com o sempre mencionado quadrado semiótico no nível tensivo:

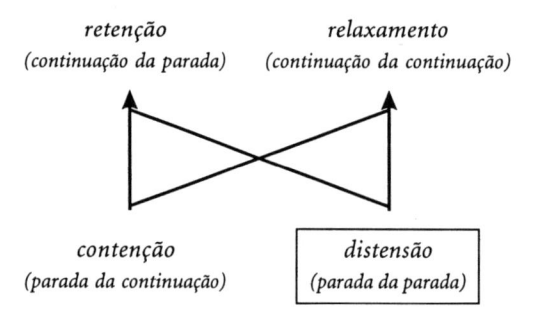

```
     retenção                relaxamento
(continuação da parada)  (continuação da continuação)

           ↑                        ↑
            \                      /
             \                    /
              \                  /
               \                /
                \              /
                 \            /
                  \          /
                   \        /
                    ╲      ╱
                     ╲    ╱
                      ╲  ╱
                       ╳
                      ╱  ╲
                     ╱    ╲

     contenção                distensão
(parada da continuação)   (parada da parada)
```

Em outras palavras, o sujeito está construindo sua competência para caminhar de forma livre e independente na tangente das desobstruções praticadas no decorrer desta letra. Nessa linha, as marcas de possíveis compromissos vão sendo inseridas entre versos que desfazem qualquer perspectiva de envolvimento maior do sujeito com os valores sociais mencionados. Ao mesmo tempo em que diz "Ela pensa em casamento", o sujeito abandona outra instituição ("Eu nunca mais fui a escola") ou realiza um gesto prosaico associado ao consumo ("Eu tomo uma cocacola"), nivelando todas as iniciativas e reduzindo ao mínimo sua dependência dos temas brasileiros do período:

> Sem livros e sem fuzil
> Sem fome, sem telefone
> No coração do Brasil

Cabe assinalar que essas manifestações de desapego no campo amoroso ("amores vãos"), político ou comunicacional são apresentadas de maneira abrupta, denunciando, assim, a regência de um andamento acelerado que produz eliminações paradigmáticas instantâneas, em princípio injustificáveis, numa fase da canção brasileira em que imperavam as letras lineares repletas de relações causais e consecutivas. Essa instauração de um tempo rápido no nível profundo transformou-se em solução estilística para boa parte da produção do tropicalismo e, a partir de então, foi incorporada como recurso geral de composição.

As pequenas narrativas surgem sempre entrecortadas por observações aparentemente desconexas mas que se entrosam em plano mais abstrato:

> Ela nem sabe até pensei
> Em cantar na televisão
> O sol é tão bonito

As relações entre sujeito e objeto ou destinador e destinatário que, via de regra, traduzem continuidade – conjunção e acordo, respectivamente –, nesse caso, expressam-se sem a necessária sintonia, o que nos faz duvidar da própria consistência da relação. O programa narrativo do sujeito parece não contar com o aval do possível destinador ("Ela nem sabe até pensei / Em cantar na televisão"), cujo contrato já fora descaracterizado em versos anteriores ("Eu tomo uma coca-cola / Ela pensa em casamento / E uma canção me consola"), mas prossegue servindo-se do apoio do "sol", destinador átono e universal. Afinal, este ator está aí apenas para passar o bastão: na ausência de um acordo explícito com um actante inequivocamente dotado de um *fazer fazer*, o próprio "eu" discursivo vai gradativamente acumulando também esse papel até atingir a fórmula narrativa da independência: o mesmo ator incorpora as funções de destinador e destinatário-sujeito. Em outras palavras, o "eu" torna-se destinador e sujeito das próprias ações que, por sua vez, estão representadas pela expressão "seguir vivendo"[8]. E, pondo-se em consonância com o que vimos anteriormente, o sentido dessa narrativa é mais de preservação do /ser/ (ou do indivíduo, no nível discursivo), e de suas desobrigações ideológicas, do que de valorização de um *fazer* específico que, de resto, já está descartado pela ostentação de um *poder não fazer*.

Considerando a letra em sua totalidade, um sistema gerativo de instrução de valores – que já se configura como denegação do que seria o sistema de valores adotado por setores revolucionários da sociedade dos anos sessenta – poderia ser proposto no seguinte esquema:

---

8. Cabe notar, mais uma vez, a semelhança com os recursos narrativos e semânticos adotados em *Travessia*.

Nível tensivo	Nível modal-narrativo	Nível discursivo
Distensão	poder (não) fazer	Figura: "caminhada"
(Parada da parada)	"eu" (destinador e sujeito)	Tema: "desengajamento"

Acontece
Cartola

Esquece nosso amor
Vê se esquece
Porque tudo no mundo acontece
E acontece que já não sei mais amar
Vai chorar, vai sofrer
E você não merece
Mas isso acontece

Acontece que meu coração ficou frio
E nosso ninho de amor está vazio
Se eu ainda pudesse fingir que te amo
Ah, se eu pudesse
Mas não quero, não devo fazê-lo
Isso não acontece

    Esta letra apresenta as ações, ou inações, do sujeito submetidas a uma instância transcendente de onde provém uma força caracterizada como "acontece". A debreagem enunciativa põe em cena as duas principais vítimas dessa força, o "eu" e o "você", em busca de um acordo para diminuir os efeitos negativos gerados pela imprevisível entidade. O aparente paradoxo inicial está no fato de que o acordo almejado pelo destinador ("eu") compreende a dissolução de acordo anterior com o mesmo destinatário ("você"): "Esquece nosso amor / vê se esquece".

Na realidade não há paradoxo porque a persuasão (ou dissuasão) se processa entre as funções de destinador e destinatário enquanto a ruptura pleiteada incide sobre as funções de sujeito ("você") e objeto ("nosso amor"[1]). Apenas os atores envolvidos são os mesmos. A investida de persuasão de "eu" só se justifica na medida em que, já se sentindo desvinculado do objeto, precisa *fazer* com que seu interlocutor ("você") também alcance a mesma independência em nome de um reequilíbrio mais completo das paixões. Em outras palavras, o enunciador se sente responsável pelas condições psíquicas do enunciatário – no plano das relações subjetais – ao mesmo tempo que considera encerrado o seu vínculo no plano das relações objetais.

Para desenvolver sua argumentação, este enunciador – exercendo seu papel de destinador persuasivo – produz um relato no qual figura como sujeito de um programa narrativo amoroso que tende a não se realizar. A insuficiência modal do sujeito vai sendo aos poucos definida, primeiramente com a ausência das modalidades *atuais* que, por si só, não lhe permitiria completar as narrativas, e depois com a supressão também das modalidades *virtuais*, o que acaba por extinguir a própria possibilidade de

---

1. Diante de "você" com função de sujeito, "nosso amor" ou "eu" desempenham a mesma função de objeto.

implantação de um PN. Assim, no quarto verso, o "eu" declara perder o *saber* ("E acontece que eu já não *sei* mais amar") e, nos versos 10 e 11, revela *não poder* sequer fingir que ama o enunciatário ("Se eu ainda *pudesse* fingir que te amo / Ah, seu eu *pudesse*"); para completar, no penúltimo verso, acusa ainda a falta das demais modalidades, do *querer* e do *dever*, no âmbito de sua competência ("Mas não *quero*, não *devo* fazê-lo"), o que lhe retira qualquer predisposição para a ação.

Do ponto de vista dos modos de existência semiótica, esse sujeito perdeu sua condição anterior de conjunção com os valores e ainda não abraçou qualquer novo projeto de reconquista de seus objetos. Não se define mais como sujeito pleno, nem como sujeito virtual, com alguma competência pelo menos no âmbito do *querer* ou *dever*. Encontra-se em estado de não-conjunção, uma espécie de retorno a um plano sistêmico que a semiótica de hoje caracteriza como fase *potencializante* ou de *inanidade* modal. No quadrado semiótico[2]:

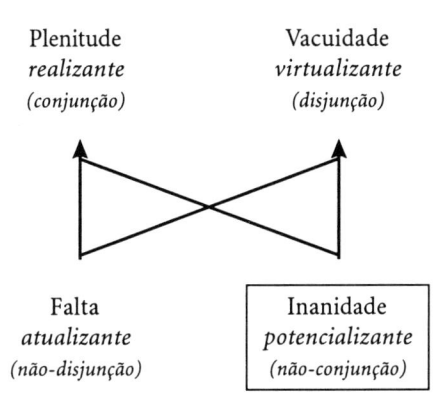

Plenitude *realizante* *(conjunção)*	Vacuidade *virtualizante* *(disjunção)*
Falta *atualizante* *(não-disjunção)*	Inanidade *potencializante* *(não-conjunção)*

---

2. Retomamos o quadrado já citado na análise de Oceano, desta feita conservando o termo "inanidade" proposto por J. Fontanille e C. Zilberberg.

A composição mais fiel dessa condição vivida pelo sujeito está nas figuras propostas no início da segunda estrofe:

Acontece que meu coração ficou frio
E nosso ninho de amor está vazio

Trata-se de um quadro de desolação pouco justificado do ponto de vista narrativo. Não há dúvida que, em nível mais profundo, os valores que demarcam descontinuidade finalizante são encarados sob uma ótica disfórica, sobretudo por sua incidência veloz e inesperada. O emprego da noção de "acontece" nesse contexto supõe uma determinação abrupta e elíptica, já que ninguém discorre sobre as razões desses acontecimentos. Entretanto, esses valores disfóricos não chegam, como era de se esperar, a instruir uma categoria de anti-sujeito no nível narrativo: o confronto entre sujeitos pressupõe que ambos se definam por um objeto (ou antiobjeto) e que manifestem, no mínimo, uma modalidade virtual. Um sujeito que não queira (ou ache que não deve) fazer coisa alguma, até porque não vislumbra qualquer objeto, dentro ou fora de si, constitui uma função sem sentido (sem direção) que, no limite, tende a desaparecer. Ou seja, um sujeito potencializado, sem tonicidade, não dá margem à configuração do papel de anti-sujeito desenvolvendo uma ação contrária. Apenas o esforço (ineficaz) de "fingir amor" e o propósito de persuasão ("Esquece nosso amor...") assinalam a pálida presença da função de sujeito enlaçado a seus últimos valores contínuos.

A única força narrativa atuante no relato do enunciador é a do *fazer não fazer*, determinada pela onipresença e onipotência de um destinador ("acontece") – cujos traços figurativos lembram a acepção da palavra *destino* – que cria fatos independentes da vontade do sujeito, ou, mais que isso, extermina no sujeito a própria possibilidade de ter vontade. Os termos perversos que deram origem a esse contrato com o destinador não são, em nenhum momento, contestados pelo destinatário-sujeito, que se limita a relatar a "você" (ator mais prejudicado pela irracionalidade da situação) os efeitos nocivos do contrato sobre a continuidade de sua vida amorosa.

A estratégia discursiva adotada pelo enunciador para *fazer* seu enunciatário ("você") *crer*[3] em suas razões, por menos convincentes que sejam, se resume a uma operação enunciva de conversão do *eu* em *ele*, aproveitando-se do lapso de tempo que antecede a inexorável reembreagem na enunciação. Mais precisamente, o *eu* refere-se aos próprios sentimentos como se fossem entidades à parte (às quais se reporta em terceira pessoa), causando o efeito de que trata do tema com certa isenção – em vez de dizer "Esquece-me", o enunciador diz "Esquece nosso amor"; em vez de dizer "Fiquei frio", diz "meu coração ficou frio"; em vez de dizer algo como "Já não tenho mais amor", o enunciador diz "E nosso ninho de amor está vazio" –, embora esses recursos reverberem imediatamente na instância enunciativa, pela reconversão do *ele* em *nós* (*eu* e *tu*), dispositivo conhecido como *embreagem*. Esse pequeno artifício não elimina o impacto da revelação da ruptura mas traz um pouco de delicadeza ao "modo de dizer" e deixa transparecer que a preocupação com a reação emocional do enunciatário é autêntica.

Essa necessidade de persuasão do enunciatário, ainda que se

---

3. A representação narrativa da relação entre enunciador e enunciatário compreende sempre um destinador tentando persuadir (e manipular) um destinatário: fazer crer (fazer fazer).

valendo de conteúdos disfóricos, constitui o único vínculo atual do sujeito com o mundo e seus semelhantes. Trata-se de uma tentativa de sustentar um elo comunicativo no interior de um contexto geral de disjunção e extenuação.

Assim, o percurso gerativo proposto nesta letra pressupõe e denega um estágio anterior em que imperavam valores contínuos assegurando a conjunção entre sujeito e objeto, bem como o acordo entre destinador e destinatário a respeito do "valor desses valores". Pressupõe também uma previsibilidade e uma plenitude que foram rompidas por uma determinação transcendente – atorializada como "acontece" – responsável pela fatalidade que abateu sobre os eventos e pela figura do esvaziamento do universo modal, cognitivo e emocional do sujeito. Essas são as formas sêmio-narrativas de tratar o compromisso disfórico do sujeito com valores terminativos, regidos por um tempo veloz que lhe sonega a duração vital:

Nível tensivo	Nível modal-narrativo	Nível discursivo
Contenção abrupta	Esgotamento modal	Figura: "esvaziamento"
(parada da continuação)	$D^r \rightarrow D^o$ /fazer não fazer/	Tema: "fatalidade"

Bibliografia

BACHELARD, G. *A Dialética da Duração*. São Paulo, Ática, 1988.
BARROS, D. L. P. *Teoria do Discurso. Fundamentos Semióticos*. São Paulo, Atual Editora, 1988.
_____. *Teoria Semiótica do Texto*. São Paulo, Ática, 1990.
BENVENISTE, E. *Problemas de Lingüística Geral*. São Paulo, Companhia Editora Nacional / Edusp, 1976.
BERTRAND, D. *Précis de sémiotique littéraire*. Paris, Nathan, 2000.
COQUET, J-C. *Sémiotique. L'École de Paris*. Paris, Hachette, 1982.
COURTÉS, J. *Analyse sémiotique du discours: de l'énoncé à l'énonciation*. Paris, Hachette, 1991.
_____. *Sémantique de l'énoncé: applications pratiques*. Paris, Hachette, 1989.
FIORIN, J. L. *Elementos de Análise do Discurso*. São Paulo, Contexto/Edusp, 1989.
_____. *As Astúcias da Enunciação*. São Paulo, Ática, 1996.
FONTANILLE, J. *Sémiotique du discours*. Limoges, Pulim, 1998.
FONTANILLE, J. & ZILBERBERG, C. *Tensão e Significação*. São Paulo, Discurso Editorial / Humanitas, 2001.
GREIMAS, A. J. *Semântica Estrutural*. São Paulo, Cultrix, 1973.
_____. "L'énonciation". *Significação: Revista Brasileira de Semiótica*, n. 1, 1974.
_____. *Sobre o Sentido: Ensaios Semióticos*. Petrópolis, Vozes, 1975.
_____. *Maupassant. La sémiotique du texte: exercices pratiques*. Paris, Seuil, 1976.
_____. *Du sens II*, Paris, Seuil, 1983.

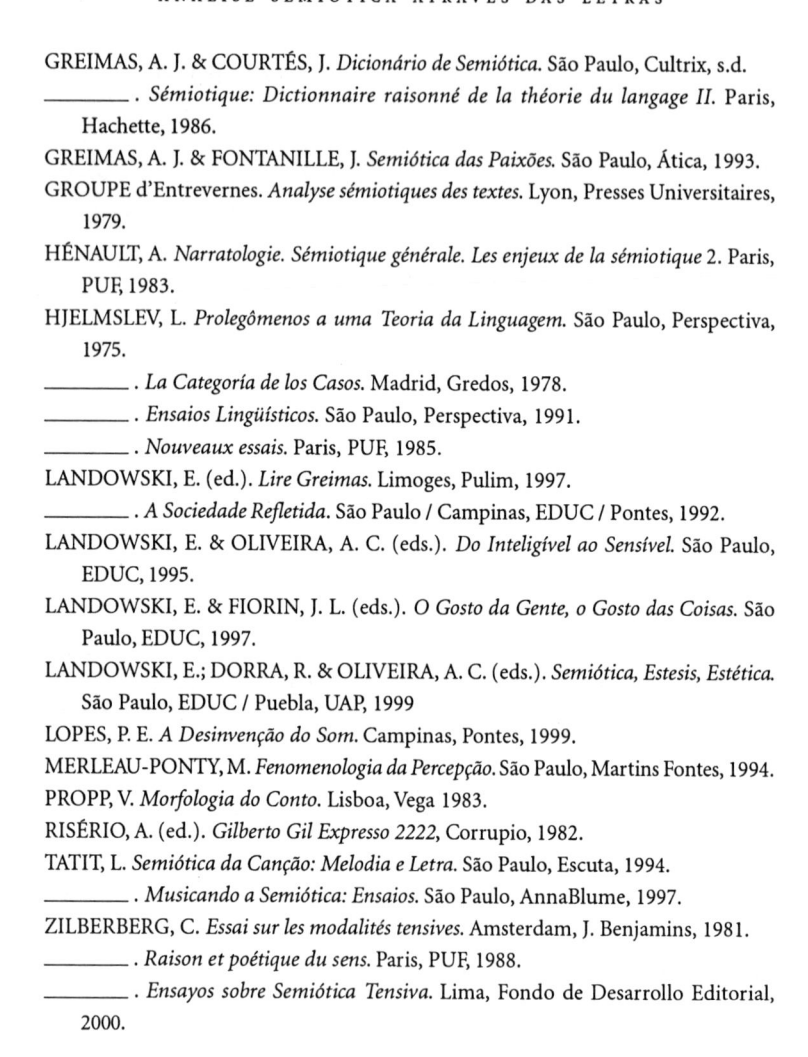

GREIMAS, A. J. & COURTÉS, J. *Dicionário de Semiótica*. São Paulo, Cultrix, s.d.

──────── . *Sémiotique: Dictionnaire raisonné de la théorie du langage II*. Paris, Hachette, 1986.

GREIMAS, A. J. & FONTANILLE, J. *Semiótica das Paixões*. São Paulo, Ática, 1993.

GROUPE d'Entrevernes. *Analyse sémiotiques des textes*. Lyon, Presses Universitaires, 1979.

HÉNAULT, A. *Narratologie. Sémiotique générale. Les enjeux de la sémiotique 2*. Paris, PUF, 1983.

HJELMSLEV, L. *Prolegômenos a uma Teoria da Linguagem*. São Paulo, Perspectiva, 1975.

──────── . *La Categoría de los Casos*. Madrid, Gredos, 1978.

──────── . *Ensaios Lingüísticos*. São Paulo, Perspectiva, 1991.

──────── . *Nouveaux essais*. Paris, PUF, 1985.

LANDOWSKI, E. (ed.). *Lire Greimas*. Limoges, Pulim, 1997.

──────── . *A Sociedade Refletida*. São Paulo / Campinas, EDUC / Pontes, 1992.

LANDOWSKI, E. & OLIVEIRA, A. C. (eds.). *Do Inteligível ao Sensível*. São Paulo, EDUC, 1995.

LANDOWSKI, E. & FIORIN, J. L. (eds.). *O Gosto da Gente, o Gosto das Coisas*. São Paulo, EDUC, 1997.

LANDOWSKI, E.; DORRA, R. & OLIVEIRA, A. C. (eds.). *Semiótica, Estesis, Estética*. São Paulo, EDUC / Puebla, UAP, 1999

LOPES, P. E. *A Desinvenção do Som*. Campinas, Pontes, 1999.

MERLEAU-PONTY, M. *Fenomenologia da Percepção*. São Paulo, Martins Fontes, 1994.

PROPP, V. *Morfologia do Conto*. Lisboa, Vega 1983.

RISÉRIO, A. (ed.). *Gilberto Gil Expresso 2222*, Corrupio, 1982.

TATIT, L. *Semiótica da Canção: Melodia e Letra*. São Paulo, Escuta, 1994.

──────── . *Musicando a Semiótica: Ensaios*. São Paulo, AnnaBlume, 1997.

ZILBERBERG, C. *Essai sur les modalités tensives*. Amsterdam, J. Benjamins, 1981.

──────── . *Raison et poétique du sens*. Paris, PUF, 1988.

──────── . *Ensayos sobre Semiótica Tensiva*. Lima, Fondo de Desarrollo Editorial, 2000.

Índice Remissivo

ação – 11, 16, 21, 29-33, 35, 42, 46, 47, 58, 61, 62, 84, 86-89, 92, 102, 115, 140, 141, 144, 162, 166, 168-171, 174, 175, 179-181, 185, 187, 197, 198
aceleração – 116, 121
actante, actancial – 14, 21, 22, 24, 28, 29, 32-36, 39-41, 46, 47, 49, 51, 52, 58-60, 63, 65, 66, 70, 71, 75, 78, 81, 101, 107, 110-112, 122-125, 132, 133, 135, 139-142, 144-146, 151, 154, 155, 162-164, 166, 168, 170, 175, 179, 185, 187, 188, 192
adjuvante – 29, 30, 33, 34, 135
andamento – 22, 35, 99, 116, 120, 121, 123, 186, 191
antidestinador – 33, 34, 36, 78
antidestinatário – 33
anti-sujeito – 25, 32, 33, 36, 47, 70-72, 75, 76, 78, 79, 85, 98-100, 106, 107, 110, 113, 123-125, 140-142, 145-147, 154-156, 164, 166, 175, 179, 185, 198

aspectualidade, aspectual – 14, 22, 48, 49, 59, 105, 131, 144, 171, 151
ator, atorial – 19, 21, 28, 29, 31, 36, 38, 42, 51, 53-55, 71, 74-78, 80, 87, 89, 91, 92, 103, 132, 134, 135, 140-142, 146, 147, 161, 162, 164, 171, 174, 181, 192, 196, 199, 200
axiologia, axiológico – 30, 31, 34, 36, 37, 47-49, 51, 52, 63-65, 69, 87, 91, 99, 144

classema – 92-94
competência – 29, 30, 47, 52, 58, 61, 68, 71, 72, 78, 79, 84, 87-89, 101, 106, 107, 120, 141, 142, 144, 146, 162, 165, 166, 175, 179-181, 189, 190, 197
complexo, complexidade – 23, 24, 38, 39, 91, 100, 102, 117, 123, 152-154, 169, 188
comunicação – 29, 40-42, 88, 109, 110, 115, 116, 132, 175

conjunção, conjuntivo – 16, 24, 25, 31,
   32, 38, 39, 66, 67, 70, 72, 84, 86, 88,
   91, 101-102, 111, 113, 124, 126, 127,
   131, 133-135, 140, 141, 144, 145, 147,
   151-154, 156, 157, 163, 164, 166, 175,
   185, 192, 197, 200
consistência – 94
continuidade, contínuo – 16, 18, 22-24,
   39, 48, 49, 52-55, 90, 91, 100, 103, 105,
   110, 113, 116, 117, 127, 132, 133, 140,
   146, 150, 151-153, 155, 156, 162, 163,
   171, 175, 177, 185, 187, 189, 190, 192,
   198-200
contrato – 24, 33, 37, 70, 110-112, 125,
   142, 146, 151, 162, 163, 189, 192, 199

debreagem – 21, 22, 40-42, 47, 59, 62, 63,
   80, 104, 107, 123, 130, 132, 170, 174,
   185, 196
denegação – 25, 64, 178-181, 192
desaceleração – 91, 116, 121, 123, 127,
   144, 147
descontinuidade, descontínuo – 16, 18,
   22-25, 32, 33, 35, 49, 50, 52, 58, 84,
   100, 110, 113, 116, 131, 134, 144, 146,
   147, 153-156, 170, 175, 176, 187, 198
destinador – 24, 30, 31, 33, 34, 36, 37, 46-49,
   51-54, 58, 61, 71, 80, 81, 85, 87-89,
   101-103, 108, 110, 111, 113, 120, 124,
   125, 135, 140-142, 145-147, 151, 154-
   156, 162, 164, 175, 179-181, 187, 189,
   191-193, 196, 198-200
destinatário – 24, 31, 37, 58, 71, 87-89,
   103, 110, 111, 113, 124, 125, 134, 135,
   141, 142, 146, 147, 151, 154-156, 162,
   175, 181, 191, 192, 196, 199, 200

discurso, discursivo – 13, 17, 19-22, 28,
   37, 38, 40, 42, 48, 49, 53, 54, 58, 65,
   68, 69, 71-74, 78, 82, 87, 89, 93, 100,
   103, 104, 106, 120-122, 130, 132-134,
   138, 140-142, 145, 151, 154, 157, 167,
   169, 170, 176, 181, 186, 188, 192, 193,
   199, 200
disforia, disfórico – 19, 30, 64, 65, 76, 90,
   91, 99-103, 105, 106, 131, 140, 151,
   167, 172, 176, 188, 198, 200
disjunção, disjuntivo – 19, 22, 25, 38, 39,
   67, 70, 84, 86, 88, 98, 101, 102, 105,
   131, 141, 146, 147, 152-154, 157, 166,
   170, 176, 200
duração – 22, 34, 35, 50, 60, 84, 90, 99,
   115-117, 122, 123, 126, 127, 144, 148,
   177, 186, 200

embreagem – 62, 199
enunciação, enunciativo – 18, 19, 21, 29,
   40-42, 52, 59, 62, 65, 74, 75, 80, 82,
   90, 103-107, 122, 123, 126, 130-134,
   147, 170, 174, 185, 196, 199
enunciado, enuncivo – 21, 22, 32, 40-42,
   47, 104, 130-132
enunciador – 18, 19, 59, 60, 63-65, 76, 80,
   91, 98, 100, 106, 107, 109, 110, 112-
   117, 120, 123, 125-127, 131-135, 138-
   142, 145-148, 151, 152, 155-157, 176,
   178, 180, 196, 198, 199
enunciatário – 126, 132, 133, 147, 155,
   196, 197, 199
espaço, espacial, espacialidade – 15, 18,
   19, 22, 39-41, 47, 50, 53, 54, 59, 60,
   62, 65-76, 82, 86, 90, 92, 104, 105, 131,
   140, 161, 175, 185, 186

ÍNDICE REMISSIVO

espera, esperar – 86, 88, 91, 95, 103, 105-107, 111, 116, 117, 120, 122, 124, 125, 127, 147, 163, 164, 166

estado – 22, 24, 25, 31, 32, 34, 35, 39, 47, 50, 62-64, 66, 67, 70, 72, 74, 76, 79, 82, 84, 86, 89, 91, 98, 106, 111, 113-116, 120, 122, 134, 139-141, 147, 151, 152, 154, 157, 163, 164, 166, 168, 169, 171, 174-181, 185, 197

euforia, eufórico – 19, 20, 25, 30, 64-66, 76, 82, 90, 91, 99, 100, 102, 103, 105, 144, 145, 153, 176, 188

existência, existencial – 63-65, 102, 139, 141, 197

extensidade – 39, 113, 115, 121, 122, 126, 127, 148

extenso – 47, 52, 113, 114, 117, 120, 126, 127, 132, 144, 155, 163, 178, 187

falta – 20, 33, 39, 98, 101, 103, 114, 138-140, 166, 197

fiduciário – 37, 88, 108, 111, 124-126, 145, 163, 164, 166

figura, figural, figurativo – 20, 21, 33, 34, 37, 38, 49, 50, 53, 54, 68, 71, 74, 76, 78, 84, 88-92, 95, 99, 105-108, 115, 120, 122, 123, 132-135, 138-142, 145, 151, 154-157, 167-172, 176, 177, 179, 181, 185-189, 193, 198, 200

foria, fórico – 17-19, 22, 30, 58, 64, 65, 90, 91, 99, 100, 102

ideologia, ideológico – 17, 30, 48, 51, 64, 80, 82, 147, 188, 189, 192

incoatividade, incoativo – 48, 49, 60, 65, 66, 82, 105, 171

instrução – 176, 178, 181, 192

inteligível – 39

intensidade – 39, 98, 115, 121, 122, 132, 150, 162, 168, 177

intenso – 113, 114, 121, 152, 176, 178

interlocutário – 42

interlocutor – 42, 196

interpretação, interpretativo – 36, 58

isotopia, isotópico – 20, 21, 50, 65, 68, 69, 75-77, 92-95, 105-107, 122, 123, 139, 144, 151, 167, 169, 170, 186, 188

julgador – 31, 36, 37, 47, 49, 51-53, 61, 80, 87, 142, 145, 164, 165

junção, juntivo – 21, 38, 39, 84, 88, 100, 102, 152-154

limite – 22, 35, 36, 49, 50, 52-54, 91, 113-117, 144, 146, 147, 150, 153, 176-178

manipulação, manipulador, manipulatório – 31, 47, 48, 51, 52, 71, 72, 78, 110, 145, 146, 155, 187, 199

modalidade, modalização, modal – 14, 16-18, 21, 29, 35, 36, 49, 50, 58, 68, 71, 78, 79, 81, 87-89, 91, 95, 101, 102, 105, 107, 108, 121, 122, 124, 126, 139, 144, 145, 155, 157, 162, 164, 165, 168, 170, 175, 176, 179-181, 186, 188, 189, 193, 196-198, 200

narrado – 28, 29, 40, 41, 47, 59

narrador – 28, 36, 40, 41, 47, 48, 51, 52, 60, 81, 131, 133, 146, 150, 162, 170 narrativa, narração – 11, 17-25, 28-34, 36-38, 40, 41, 46-55, 59, 61, 64, 65, 67, 68, 71, 74, 76, 79, 82-87, 89-93, 95, 100-106, 111, 112, 114, 115, 120-125, 127, 131, 134, 139-142, 144, 145, 147, 148, 150, 151, 153-155, 157, 162, 164, 166, 167, 169-171, 174-181, 185-187, 191-193, 196, 198-200

objeto, objetal – 15-17, 22, 25, 29, 31-34, 36, 38, 39, 47, 49, 51, 52, 64, 66, 67, 70-72, 77-79, 84-89, 91, 92, 95, 99-103, 106, 107, 110-113, 117, 122, 124, 126, 131, 139-142, 145, 147, 151, 154-157, 162-164, 166, 169, 174, 186-188, 191, 196-198, 200
observador – 29, 59, 60, 62, 63, 65, 80

paciência – 88, 91, 95, 106, 107, 119-122, 124, 126, 127
paixão, passional – 11, 17, 20, 34-36, 47, 50, 87, 91, 98, 100, 108, 111-117, 121, 139, 140, 144, 151, 163-170, 174-181, 187, 196
parada – 22, 48, 54, 100, 113, 114, 117, 142, 150, 151, 153, 155-157, 171, 176, 177, 179, 190, 200
parada da parada – 22, 54, 55, 117, 140, 151, 155, 157, 171, 177, 180, 181, 190, 193
participação, participativo – 24, 38, 88, 102, 175
persuasão, persuasivo – 22, 31, 37, 58, 71, 87, 89, 110, 113, 155, 196, 198, 199
pragmático – 48, 58, 66, 67, 70-72, 74, 78-80, 81, 87, 89, 181

programa narrativo – 34, 48, 59, 62, 70, 72, 83-85, 89, 90, 114, 122, 140, 162, 166, 175, 177, 179, 180, 192, 196
prova decisiva – 61, 62,
prova glorificante – 61, 62
prova qualificante – 61

quadrado semiótico – 17, 21, 23, 66, 67, 71, 73, 74, 80, 86, 121, 156, 170, 177, 190, 197

ritmo, rítmico – 50, 54, 55, 99, 113, 114, 168, 169, 177, 178

sanção, sancionar – 31, 46, 63, 79-81, 87, 89, 95, 144, 145
sema, sêmico – 69, 75-79, 92, 93, 105, 106, 122, 167, 172, 186
semema, semêmico – 68-70, 94, 95, 106, 107, 141, 144, 151
sêmio-narrativo – 58, 98, 200
semiótica – 11-17, 20, 21, 23, 25, 26, 29, 30, 37, 38, 40, 49, 52, 64, 85, 93, 98-100, 120, 121, 124, 139, 197
sensível – 11, 19, 35, 39, 58, 99
silabação, silábico – 151, 168, 169, 171, 177, 178
simulacro – 59, 62, 75, 104, 111, 112, 124, 125, 132, 163, 164
sincretismo – 36, 47, 51, 87, 89, 111, 140, 142, 164, 181
sintaxe, sintáxico – 15, 17, 19, 21, 22, 31, 74, 77, 86, 93, 99, 100, 103, 117, 122, 178, 190

ÍNDICE REMISSIVO

sobremodalização – 58, 61, 71, 78, 135
sujeito, subjetal – 15, 16, 19, 21, 22, 24, 25, 29-37, 39, 46-52, 54, 58-62, 64, 66-68, 70-74, 78, 79, 81, 84-92, 98-103, 106-108, 110-113, 116, 117, 120, 121, 123-126, 131, 135, 138-142, 144-148, 151, 154-157, 162-166, 168, 170, 174-181, 185-193, 195-200
surpresa – 116, 117

tema, temático – 20, 21, 69, 92, 95, 98, 100, 107, 151, 157, 167, 176, 179-181, 189, 193, 200
tempo, temporal, temporalidade – 15, 18, 19, 22, 35, 39-42, 47, 48, 50, 53, 54, 59, 60, 62, 65, 79, 80, 82, 86, 88, 90, 103-105, 116, 117, 120-122, 126, 127, 139, 144, 147, 161, 166, 168, 174, 185, 186, 191, 200
tensão, tensivo – 11, 15, 17-25, 33, 35, 37, 39, 40, 49, 50, 54, 55, 58, 90, 91, 99, 100, 103, 105, 108, 110, 113-116, 120-123, 139-141, 145, 151-153, 155-157, 166, 168-171, 176-178, 181, 187, 190, 193, 200
terminatividade, terminação, terminativo – 36, 48, 49, 53, 60, 61, 66, 131, 171, 200
texto, textual – 11-16, 20, 22, 23, 26, 28, 31, 33, 35, 38, 47, 49, 51-55, 58-60, 62-64, 66, 68, 75, 76, 79, 80, 85, 89-93, 98, 99, 103, 104, 106, 107, 109, 110, 113, 115, 117, 121, 122, 130, 133-135, 144, 148, 153, 164, 167, 176-178, 181, 186, 190
tímico-cognitivo – 58, 66, 67, 71-74, 78-82

valor, valores – 14, 16-23, 25, 30, 33, 34, 36, 37, 48-50, 52, 53, 55, 58, 64-67, 69, 70, 72, 80, 84, 85, 87, 88, 90, 91, 100-103, 104, 106, 107, 110-114, 117, 120, 122-125, 127, 131, 139, 140, 144-148, 151-153, 155-157, 163-165, 175, 176, 178-181, 185, 187, 188, 191, 192, 197, 198, 200
velocidade – 84, 116, 117, 122, 123, 127, 162

Este livro foi impresso na
LIS GRÁFICA E EDITORA LTDA.
Rua Felício Antonio Alves, 370 – Jd. Triunfo – Bonsucesso
CEP 07175-450 – Guarulhos – SP – Fone. (0xx11) 6436-1000
Fax.: (0xx11) 6436-1538 – E-Mail: lisgraf@uninet.com.br